口絵 1 （上） 鴨川市のリゾートマンション前にある定置網漁の作業場 （撮影：村田悠）

口絵 2 （下） 鴨川市のサーフポイント （撮影：村田悠）

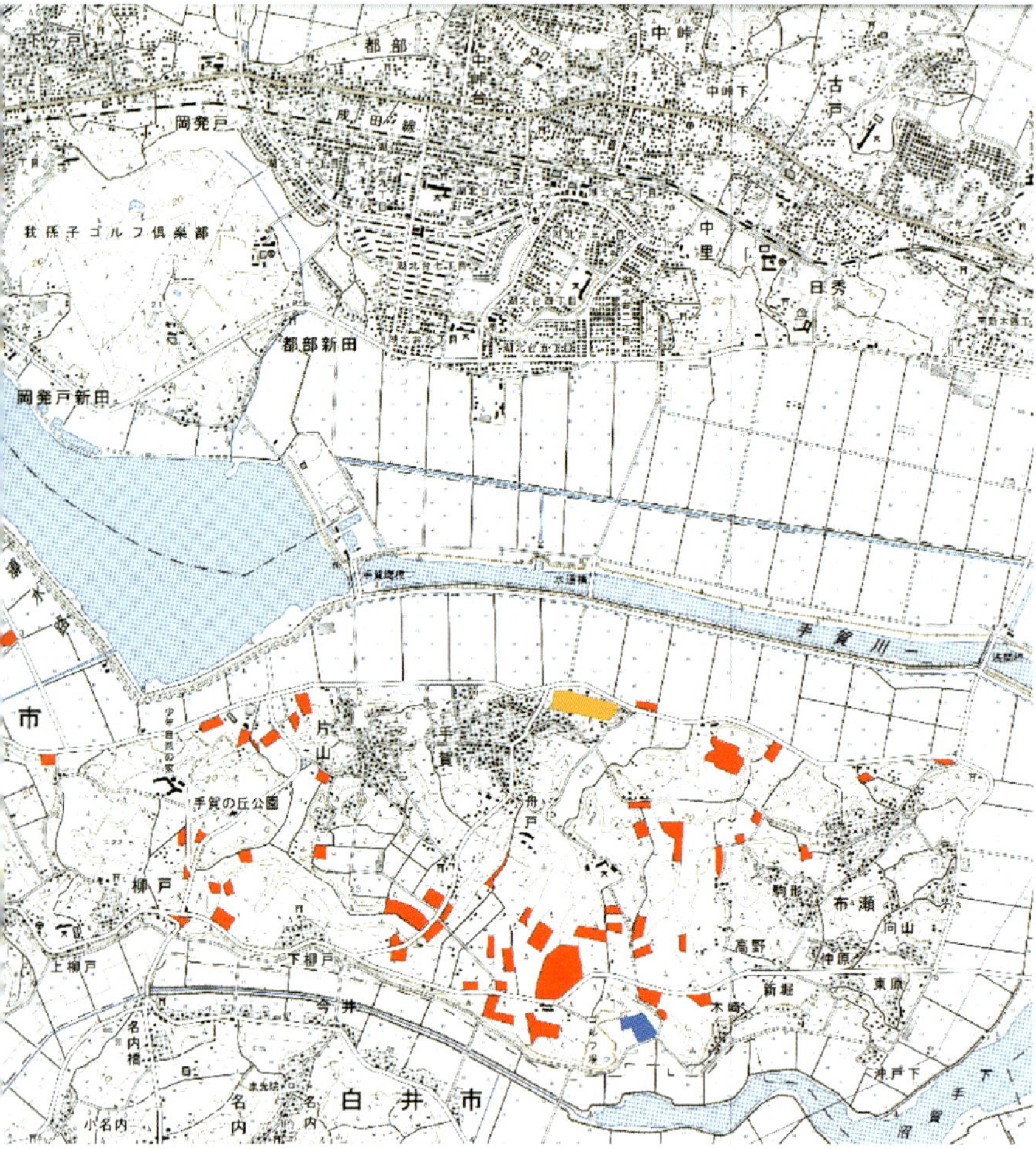

都部
中峠
中峠台
中峠下
古戸
岡発戸
成田線
我孫子ゴルフ倶楽部
中里
日秀
都部新田
岡発戸新田
手賀曙橋
水道橋
手賀川
市
少年自然の家
片山
手賀
手賀の丘公園
舟戸
柳戸
駒形
布瀬
向山
高野
中原
下柳戸
上柳戸
新堀
東原
木崎
今井
名内橋
名内
白井市
小名内
神戸下
下手賀沼

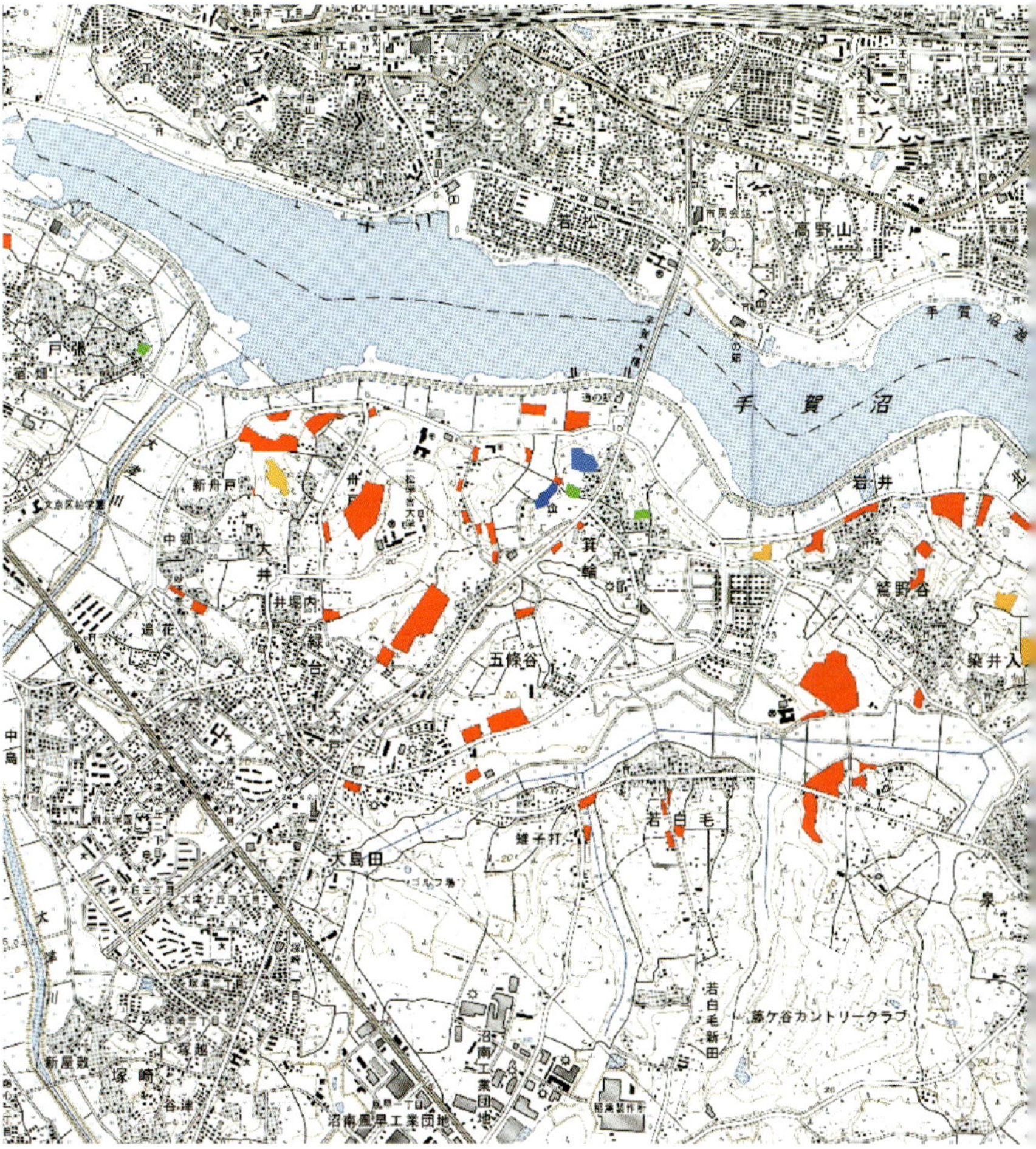

口絵 3　手賀沼周辺をめぐる土地利用（2014年 2 月現在）

●産業廃棄物処理場 ●簡易旅館 ●老人ホーム ●墓地　（出典：国土地理院の図を元に著者ら作成）

空間紛争としての持続的スポーツツーリズム

持続的開発が語らない地域の生活誌

村田周祐
Murata Shusuke

新曜社

はじめに

かつて著者は、アジア式の水田技術を移転することによってアフリカの食糧問題や貧困問題を解決しようとする農村開発プロジェクトに参加していた。そのプロジェクト目標の根拠となったのが、アジア式水田の持続性と高い生産力である。これまでの熱帯雨林の焼畑に直播する陸稲栽培を、アジア式の水稲栽培（水田と育苗）へと移行させることは、連作障害を克服して熱帯雨林を保全し、世界規模のＣＯ２排出量の減少に寄与する。さらに土地の生産力を格段に上昇させ、現地の食糧問題の解決にも寄与する。もっといえば、現地の消費量を超えた生産物を商品化することで現金収入を生み出して貧困問題にも寄与する。そんな「夢」のような農村開発であると計画実施された。少なくとも著者はそう信じて疑わなかった。ところが、実際に現地の有志らと励んだ開墾と収穫という「成果物」が集落にもたらしたのは、不均等になだれ込む資本とそれが生み出す貧富の格差と秩序の乱れであった。そこからわかったのは、先進国の食料を生産する広大なプランテーションが耕作条件の良い土地を覆い尽くし、そうして残った耕作条件の悪い土地の生産力をあげるために先進国からの「援助」をおこなっている自分たちの存在であった。

困惑のままに帰国した著者の目に飛び込んできたのは、食のグローバル化のなかで、日本の農山漁村の社会的役割が食の「生産空間」からスポーツや観光のための「消費空間」に移行していく現代的様相だった。こうした困惑と経験を源泉に、著者の調査研究があり、本書がある。だからこそ本書は、日本の農山漁村を舞台に自然を糧とする人々とのせめぎあいのなかで持続的スポーツツーリズムを論じることになる。そのため本書には、一般的に語られる地域活性化としてのスポーツツーリズムとは異なる論調や視点がはらまれることになるであろう。そしてなにより、そうして書かれた本書が、読者が持続的開発の現場で感じた「違和感」に言葉を与えたり、その「通念」を疑うひとつのきっかけになればと思う。

空間紛争としての持続的スポーツツーリズム　目次

装幀＊難波園子

序章

フィールドから問う社会学

1　問題としての持続的スポーツツーリズム

本書は、日本の農山漁村を舞台に持続的スポーツツーリズムと地域生活がどのように切り結ばれていくのかを、一〇年間におよぶ四つフィールドワークから記述していくモノグラフである。

国家レベルのオリンピックから地域レベルのマラソン大会まで、スポーツツーリズムを経済・社会発展の起爆剤とする動きは時流のようである。そこには二〇〇七年一二月に成立した「観光立国推進基本法」を背景に、二〇一一年六月に取りまとめられた「スポーツツーリズム推進基本方針」や二〇一二年四月に発足した官民一体の一般社団法人「日本スポーツツーリズム推進機構（JSTA）」といった明確な国策とそれを後押しする経済界の存在がある。[1]

すでに広く知られているコンセプトだが、スポーツツーリズムとは、日常を離れ、スポーツに参加（する、ささえる）したり、観戦（みる）したり、スポーツにまつわる建造物や歴史・文化を楽しむことを目的とした商業的・非商業的な旅行の総称である。

ただし、スポーツツーリズムといっても現在とバブル期のリゾート開発では明らかな違いがある。それを一言で述べれば、「持続的開発（Sustainable Development）」の理念を踏まえたうえで計画実施されている点である。たとえば、二〇〇七年に創立し、瞬く間に世界主要なマラソン大会となった東京マラソンはその典型であろう。マラソンというスポーツを取り入れることで、東京という地域空間を改変することなく、三〇〇億円規模の経済効果を産み出す観光空間へと工事期間なしで変容させる[2]。こうした地域空間を改変することなく観光空間へと変容させる新たなスポーツツーリズムへの期待は、都市よりも、むしろ行政財源や観光資源に乏しい地方からの方が大きいようである。たとえば、ウォーキング大会、マラソン大会、トライアスロン大会、ツーリング大会などのスポーツイベントは、全国各地で年中途切れることなく毎月一〇〇大会を優に越える頻度で開催され続けている[3]。また、二〇一六年には「歩く旅」を推進する日本ロングトレイル協会が設立され、官民一体で全国各地に歩きながら各地の文化や生活を楽しむことが可能なロングトレイルの整備が進んでいる[4]。たとえば、農村風景のなかをゆっくりと歩きながら地場産品を堪能できる「十勝ロングトレイル」、日本海から太平洋に及ぶ塩に代表される物流生活物資の歴史文化を辿る「塩の道」、神仏習合発祥の地をめぐる「国東半島峯ロングトレイル」など、その内容はバラエティに富むものとなっている。さらに海域に目を向けても、ヨットハーバーなどのリゾート施設の建設がみられなくなった一方で、エコツーリズムが全国各地でみられるようになっている。たとえば都心に程よい距離の外房や湘南、伊豆諸島の新島、種子島などには、四季を問わず全国からサーファーが集まっている。また、琉球諸島や奄美諸島などでは、マングローブ林でのシーカヤック、サンゴの海を浮遊するシュノーケリングやスクーバダイビングが人気である。

こうしてみると現在、何の変哲もない自然・文化・生活を観光資源に転換させる手軽な手法として、新たにスポーツツーリズムが脚光を浴びていることがわかる[5]。平たく言えば「なにも壊さないし新しく建設もしないから、お金はかからないし環境にもいい。そのうえ、どこにでもある自然とか文化を観光資源にできる」のである。本書は、この地域空間を「そのまま」利用することで自然環境や地域生活を保全しつつ地域発展を志そうとするスポーツツーリズムを「持続的スポーツツーリズム」と呼び[6]、基本的に支持する立場をとりたい。なぜなら、持続的スポーツツーリズムとは、人と自然の距離を「遠く」してきた近代社会において、スポーツを介してその距離を「近く」させる数少ない営みのひとつだと考えているからである[7]。

だからといって、そこに問題がまったくないわけではない。むしろ、評価する立場だからこそ、あえて持続的スポーツツーリズムを熟考する立場をとりたいのである。なぜなら、持続的スポーツツーリズムの現場に目を向けると、軋轢や問題提起が多く報告されているからである[8]。いったいなぜ、持続的開発の理念を踏まえたはずの持続的スポーツツーリズムが地域生活と齟齬をきたすのであろうか。

2　主要概念と見取り図

本書の論点を先取りすることになるが、持続的スポーツツーリズムによって、これまで地域生活に利用されてきた地域空間を「そのまま」観光利用することは、「ここは何のための地域空間なのか」という問題を地域社会に引き起こす[9]。本書は、こうした問題を総称して「空間紛争」と呼びたい。かつてのリゾート開発による環境破壊とは異なり、持続的スポーツツーリズムをめぐって生じる問題とは、物理的な現象としては「見えにくい」問題なのである。だからこそ、これまで論じられることなく現場でくすぶり、潜み続けている。そこで本書は、持続的スポーツツーリズムと地域生活をめぐる「空間紛争」に光を当てていきたい。「空間紛争」の内容を整理する理論的検討は次章にゆずり、ここでは簡単に「空間紛争」を捉えるための見取り図の大枠と主要概念を述べたい。

まずここでいう地域空間とは、地域生活の場として利用されている／きた物理的な空間を示している。具体的には、漁場として利用されてきた海域であったり、古くから人々によって萱場《かやば》などとして利用されてきた山間地であったりする。つまり、人が利用し関わり続けてきた物理的な空間の総称を指している。その視点からみれば、本書に事例地として登場する農山漁村は、特定の社会集団による歴史的な働きかけのなかで創出されてきた地域空間と捉えることができよう[10]。

本書が、他でもない農山漁村を舞台に持続的スポーツツーリズムを論じるのは、本書の冒頭で述べたように、食のグローバル化が浸透した現代において、日本の農山漁村が「生産の場」から「消費の場」へと変容していく様相の内実に迫りたいと考えているからである[11]。そのため本書は、持続的スポーツツーリズムを地域活性化の一方策としてではなく、日本の農山漁村を「生産の場」から「消費の場」へ向かわせる大きな社会変動の具体的な現れのひとつとして捉えていく[12]。

次に、本書が扱うスポーツは一般的なそれとは大きく異なる特徴を持つ。なぜなら、野球が野球場を必要とするように、一般的なスポーツはスポーツ専用空間を必要とするが、本書に登場する

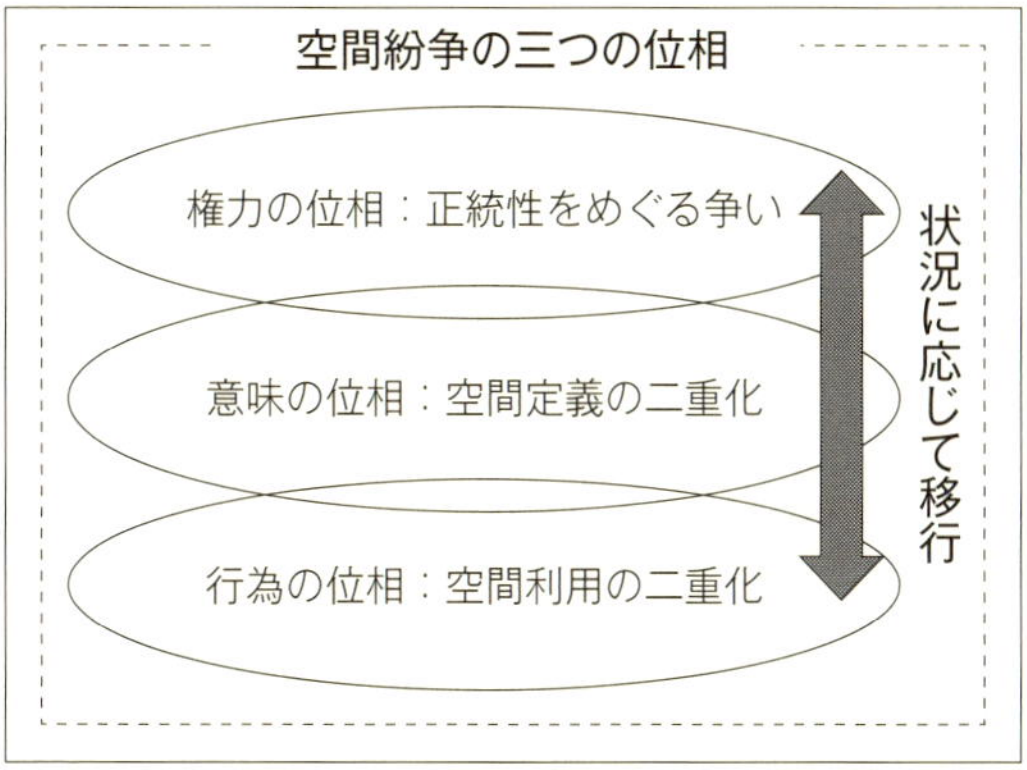

図１　空間紛争を捉える見取り図

ウォーキング（第2章）、トライアスロン（第3章）、サーフィン（第4章）、スクーバダイビング（第5章）はスポーツ専用空間を必要としないスポーツだからである。こうした地域空間を大きく改変することなく「そのまま」利用することで自然環境や地域生活を物理的に破壊しないスポーツを本書では「エコスポーツ」と呼ぶ。ここで重要な点は、エコスポーツは、何の変哲もない地域空間を観光資源に手軽に転換させる媒介材としての機能を持っている点である。

以上から、本書のいう持続的スポーツツーリズムとは、エコスポーツによって地域空間を保全しながら観光利用する社会実践を意味する。

最後に、空間紛争を立体的に捉えるための見取り図の大枠を説明したい。この見取り図は「行為の位相」「意味の位相」「権力の位相」という三つの位相から構成されている。この空間紛争を構成する図式は現象を認識するための枠組みであり、現実をこのなかに押し込めようとするものではない。すなわち、この見取り図は、不可逆的に一方向へと発展して段階を上っていくものではなく、常に変化し続ける動的なものとして持続的スポーツツーリズムと地域生活の関係を捉えていくための枠組みでしかない。

例えば、ある地域空間を漁業とカヌーが同時に利用している状態があるとしよう。この状態を「行為の位相」における「空間利用の二重化」と呼んでいる。この行為の位相において、大きな問題が生じることは少ない。なぜなら、水面に浮き移動し景観を楽しむ行為自体に、何も問題がないからである。

ところが、その水上を走るカヌーから見える希少な動植物や美しい景観がメディアで取り上げられるなどして、その地域空間が社会的に「カヌーの名所」と意味づけられ、外部からまなざされるようになっていく場合を想定してみよう。その固定化された外部からのまなざしに対して、漁民は「ここは何のための地域空間なのか」という違和感を抱くようになる。この状態を「意味の位相」で生じた「空間定義の二重化」と呼んでいる。ところが、漁民が地域空間のカヌー利用に反対しようにも、「なにも採っていない、ただ景色を見ているだけだ」と行為の位相から切り返されれば、反対は難しい。繰り返しになるが、行為の位相においてはまったく問題ない実践だからである。持続的スポーツツーリズムをめぐる空間紛争とは、行為の位相においては問題ない現象が、地域空間に対する社会的な意味づけへと拡がることで生じる問題なのである。

さらに、スポーツや観光をめぐる地域政策は往々にして、既存活動に目をつけてお墨付きを与えるかたちで新規事業を立ち上げる場合が多い。なので、多くの客を集めているカヌーの名所が行政の目に留まり、地域政策の一部に組み込まれるということが生じる場合がある。そうすると、「ここは何のための地域空間なのか」という空間紛争は、意味の位相を超えて、具体的な政治や権力をめぐる問題へと移行していく。この状態を「権力の位相」で生じた「正統性をめぐる争い」と呼んでいる[13]。

しかし、ここで最も重要な点は、カヌーに限らず、スポーツや観光の人気は常に移ろうものでもあるという点である。別の地域空間に新しいカヌーの名所が誕生すれば、往々にしてそちらに人々の足は向かうものであるし、そもそもカヌーの名所というイメージ自体が忘れ去られることもしばしばである。そのため、三つの位相は発展段階的な関係ではなく、状況依存的な関係なのである。繰り返しになるが、この見取り図は、持続的スポーツツーリズムと地域生活を取り巻く社会状況のなかで、両者の関係を常に変化し続ける動的なものとして把握することで空間紛争に光を当てるための図式でしかないことを、改めて確認しておきたい。

3　フィールドワークとモノグラフ

本書は、持続的スポーツツーリズムと地域生活が切り結ばれていく具体的なありように迫るためにフィールドワークという調査手法を選択している。なぜなら、現代において持続的スポーツツーリズムは、対象となった地域空間の生活環境や自然環境を保全しながら活性化させる「いいこと」であるとされているからである。「いいこと」と価値づけられ自明化された理念を「通念」と呼ぶならば、著者には、通念から自身を解放するためにフィールドワークが大変に有効的な営みであった。

通念に触れたとき、人はそこに安心し安住したがる。社会的に支持される通念から外れることは軽蔑や嘲笑の対象となることさえあるからである。だからこそ、通念に安住し対象世界を眺めることは、それ以外の眺めを見えなくさせることにもなる。著者にとってのフィールドワークとは、安住の地から自らを解き放ち、異なる価値に触れるための手段である。なぜなら、フィールドワークを重ねることで対象世界との距離をゆっくりと縮め、そこに暮らす人々と近いところから世界を眺められるところまで身体を変容させたとき、安住の地を構成していた通念は、「いいこと」から「疑うべきもの」に姿を変えるからである。その意味で著者は、断続的ではあるが可能な限り共にあるフィールドワークを試みた。そのため、著者のフィールドワークは、インタビューという「特別な時空間」を設定することを可能な限り避け、山村であればプロパンガスの配達を手伝ってみたり、農村であれば田畑で農作業を手伝ってみたり、漁村であれば漁船に乗り込んで「にわか漁師」になってみたりする。幾度となく訪れ、働き・飲み食い・遊びを共にするうちに、「こんにちは」が「また来たか」になり、そのうち「おお」や無言の会釈へと変わっていく。そうしていると、当初は不思議に感じていた彼らの日常的な言説や行為を、あたりまえに見過ごしている自分に気づくようになる。暮らしに没入するフィールドワークによって対象世界の通念に近づき、そこから浮かびあがる問題を、著者の身体に刻み込み内在化させていく[14]。その変容した身体を糧に、政策や研究者が考える通念や問題を捉え返していくささやかな試みとして本書はある[15]。

そのうえで様々な記述方法のなかから、あえて本書はモノグラフを選択した[16]。その理由は次のようなフィールドワークの経験にある。持続的スポーツツーリズムをめぐるフィールドワークの経験が教えてくれることは、そこに暮らす人々が持続的スポーツツーリズムと切り結ばれていくありようは、多くのスポーツツーリズム研究が前提とする「スポーツ振興」や「経済的効果」からは説明不可能なことが多いということであった。むしろ、農山漁村を取り巻く厳しい現代的状況のなかで、彼らが日々の暮らしを成り立たせるために様々な実践を行っており、その日々の様々な実践の延長線上に持続的スポーツツーリズムが位置づけられているということであった。だからこそ、こうした日々の実践のなかで持続的スポーツツーリズムを理解しようと心掛けなければ、地域生活やそれを支える論理から乖離してしまい、持続的スポーツツーリズムをめぐる通念に回収されることで、空間紛争に光を当てることは難しくなってしまう。そこで本書はモノグラフという方法を採用することで、当該地域空間を規定する社会構造や歴史的事実の文脈のなかに持続的スポーツツーリズムを埋め戻していく。そしてそこから、それぞれの地域生活の経験のなかで、持続的スポーツツーリズムが人々にどのように捉えられているのかに注目していきたい。その作業は、非常に限定された窓からの眺めでしかないことは否めないが、グローバル化や人口減少社会の最前線に位置する現代の農山漁村において、人々が日々の暮らしを再編していく創造的営為の一端を、結果的には示すことになるだろう。

4 本書の構成

では本章の最後に、本書の全体構成を簡単に紹介しておきたい。本書は持続的スポーツツーリズムと地域生活が切り結ばれていくありようを描きだしていくことで空間紛争に光を当てていく。そのための理論的準備として、本章に続く第1章では、国内外のスポーツツーリズムめぐる研究史を批判的に再検討し、そのうえで社会学者ジョン・アーリの観光のまなざし論に依拠しながら、空間紛争を捉えるための研究視角を構築していく。

第2章から第5章までは、本書の中核となる四つのモノグラフである。第2章は、徳島県の山村を舞台としたウォーキングイベントをめぐる事例である。松尾は剣山系の急斜面に張り付くように二八戸の家々が点在する小さな散村であり、四国八八ヵ所巡りの遍路道沿いに位置している。松尾の婦人部は、一九九九年からはじまった行政が主導する遍路道を活用したウォーキングイベントに休憩所や飲食物を提供することをきっかけに結成された地域住民組織である。さらには、集落はずれの遍路宿が閉鎖されて以降は、その敷地内に無料の遍路小屋を自ら建設し現在まで管理を続けている。こうした婦人部の活動は、様々なメディアで「現代に息づくお接待精神」として取り上げられたり、地域スポーツイベントを担う住民参加の好事例としても取り上げられたりしている。対して本書は、あえて松尾の日々の暮らしの経験のなかに婦人部の活動を埋め戻すことを試みている。松尾の人々にとって婦人部の活動とは、どのような論理のなかで立ち上がり、積極的に継続されているのであろうか。その作業は、スポーツツーリズムの振興を前提とした住民参加の視点とは別の側面から婦人部の活動を支える論理に迫ることになるだろう。

第3章は、千葉県の手賀沼トライアスロン大会をめぐる事例である。トライアスロン大会を開催することで、水がきれいになったり、自然環境が復元させたりすることはない。ところが不思議なことに、手賀沼トライアスロン大会は「よみがえれ手賀沼」という環境問題の解決をスローガンに毎年開催され続けているのである。さらに、首都圏から日帰りの小規模なイベントであり、経済的な波及効果は小さい。つまり、地域社会への「波及効果」という視点のみで、手賀沼トライアスロン大会が継続的に開催され続けている道理を説明するのは難しいのである。そこで本書は、手賀沼トライアスロン大会を、手賀沼をめぐる地域生活の経験のなかに埋め戻して理解しようと試みている。彼らは、なぜ手賀沼トライアスロン大会を受け入れ、毎年開催し続けているのであろうか。その内実に迫ることは、波及効果とは異なったスポーツイベントと地域社会の関係のありようを描き出すことになるだろう。

第4章は、千葉県鴨川市の漁民とサーファーをめぐる事例である。日本近代サーフィンの発祥の地のひとつに数えられる鴨川市では、海の利用の方向性をめぐって、漁民とサーファーは軋轢関係であり続けている。第一回日本サーフィン選手権大会の会場となった「赤堤」と呼ばれるサーフポイントの埋め立てをめぐって、両者が候補者を擁立する市長選が実施された。一般的に、こうした軋轢が生じた場合、互いの利害を超えて意見の一致を図る「合意形成」が必要であると言われる。鴨川市でも合意形成を目指すべく「鴨川沿岸海岸づくり会議」が設置されたが、結果的に漁民側からの参加者がいなくなり、自然消滅となってしまった。両者の緊張は今も続いているにもかかわらず、漁業の現場に目を向けると、不思議なことに、漁船団の乗組員の多くが都会から移住してきた移住サーファーなのである。さらに、地元の漁師祭りでも、移住サーファーらが氏子として神輿を担ぎ、地域文化を継承していく担い手となっているのである。つまり、鴨川市においては漁民とサーファーは軋轢関係である一方で、共に地域生活を再編させていく共在関係にもなっているのである。一見矛盾するようにみえる、この鴨川市の漁民とサーファーの関係はどのように成立してきたのであろうか。そこで本章では、両者の関係を地域空間の利用のみならず、地域生活にまで押し広げて描き出していく。その内実に迫ることで私たちは、合意形成とは異なる共在のありようを学ぶことになるであろう。

第5章は、島根半島を舞台とした漁村とスクーバダイビングをめぐる事例である。奥泊（仮称）は、リアス式海岸の入り江を様々なかたちで利用し生活を営んできた。奥泊は一九八〇年代より民宿を営み釣り客を受け入れ、さらにダイビングスポットとして観光ダイバーも受け入れてきた。そのため、行政主導で計画実施された「島根町ダイビングセンター構想」に選定され開発の対象となった。ところが、この開発を境に、奥泊とスクーバダイビングの関係は悪化、対立関係へと移行し、結果的に奥泊の海でダイバーの姿を見ることはなくなった。本章では、スクーバダイビングを地域生活の経験のなかに埋め戻していくことで、両者の関係をせめぎあいのなかで描き出していく。その作業は、持続的開発論が想定する予定調和的な世界観とは異なった現場のありようを浮き彫りにすることになるであろう。

終章では、どのようにして地域生活と持続的スポーツツーリズムが切り結ばれていくのかを描いた四つのモノグラフを踏まえて、「いったいなぜ、持続的開発の理念を踏まえたはずの持続的スポーツツーリズムが地域生活と齟齬をきたすのか」という当初の問いに立ち戻り、説明を与えていきたい。その上で、持続的スポーツツーリズムという窓から透かし見えてくる、現代日本の農山漁村の姿を浮き彫りにしていきたい。その作業は結果的に、持続的スポーツツーリズムを切り口にするからこそ浮かび上がる、現代的な開発観・社会観と切り結ばれる現代の農山漁村において、人々が地域生活を再編させていく創造的営為に接近していくことになるであろう。

第 1 章

空間紛争を捉える研究視角

1　スポーツツーリズム研究の再構成

本書が対象とする持続的スポーツツーリズムは、地域空間を「そのまま」利用するため、物理的な空間改変が最小限に留まる反面で、地域空間の利用は地域生活と重なってしまう場合が多い。そのため「ここは何のための地域空間なのか」という空間紛争を地域社会に顕在化させる場合があるが、その内実に迫るのは難しい。なぜなら、「何も壊していないし、そもそもここ（公道や水面）は誰のものでもない」という論理を持ち出されれば、反対の声を出すのは難しく、その声はかき消されていくからである。では、現場で見聞きされる持続的スポーツツーリズムをめぐる人々の違和感を言語化していくには、どのような手順が必要なのだろうか。本章では、これまでの研究蓄積を整理しながら、持続的スポーツツーリズムと地域生活が切り結ばれていくありように接近する方法を探っていきたい。

1-1　予定調和論としてのスポーツツーリズム研究

スポーツツーリズムを対象とする諸研究は、一九九〇年代以降、欧米を中心に蓄積されてきた。その背景には、スポーツや観光をめぐる産業界の発達のみならず、国家や地方行政などの政官界がスポーツツーリズムを経済的成長分野のひとつとして注目しはじめたという世界的な社会状況がある。そのため、スポーツツーリズムと地域社会の関係は、主に波及効果の側面から語られてきた[1]。

たとえば、ルディー・ハートマン（Hartmann 1986）は、スポーツツーリズムを議論する際には、「季節性」という特殊固有な問題を外してはならないという。なぜなら、スポーツは「自然性」と「組織性」の二つの要因からピークシーズンやオフシーズンと不可分な存在だからである。そのため、経済的にも社会的にもスポーツツーリズムの波及効果を促進するには、異なるピークシーズン持つ競技を「複合化」させて「通年化」していくことが重要であると述べている。近年の季節性をめぐる議論は、大型スポーツ・イベントを複合的に配置することで、国家規模のスポーツツーリズムを通年化させていく必要性とその課題がテーマになることが多い（Baum and Hagen 1999; Tuppen, 2000; Hinch and Higham 2004; Deery and Jago 2006; 日本スポーツツーリズム推進機構編 2015）。

スポーツツーリズムをめぐる波及効果を肯定的に捉える議論が多い一方で、少数ながら懐疑的な論者たちもいる。たとえばパトリック・パッティら（Patthey et al. 2008）は、年々拡大成長するスポーツツーリズムがアルプスのエコシステムに悪影響を与えていることを危惧し、ゾーニングによる自然環境とスポーツツーリズムを分離するための法規制の必要性を主張している。またカルラ・コスタとローレンス・チャリップ（Costa and Chalip 2005）や天野宏司（2009）は、スポーツツーリズムの経済的な波及効果を期待する議論が多いが、実際のところ日帰りが多いなど限定的なものに留まる場合がほとんどであることを実証している。

以上のように、一見すると、スポーツツーリズムの波及効果をめぐっては、肯定的、懐疑的な主張が対立しているようにみえるが、スポーツツーリズムと地域社会の関係を捉える視点は共通している。なぜなら、結局は双方ともスポーツツーリズムの波及効果を効率化（ポジティブの最大化とネガティブの最小化）させる条件が議論のポイントだからである。つまり、どのような地域社会が対象地であるとしても、インフラや法整備などの様々な条件を整えることで、スポーツツーリズムの波及効果は人為的にコントロール可能であると考える点は共通しているのである。言い換えれば、地域社会に及ぼす波及効果（価値や機能）はスポーツツーリズムに本来的に内在していると考える点は共通しているのである。こうした考え方を、ここでは「予定調和論」と呼んでみたい。政策や開発に親和的な予定調和論は、結果的にスポーツツーリズムと地域生活の関係を予定調和的に描くため、両者を緊張関係として捉えることは難しい。

1-2　予定調和論から動的変容論へ

予定調和論とは別に、ツーリストの視点に立ち、スポーツツーリズムの消費形態に注目してきた議論の流れがある。これまでスポーツツーリズムは「居住地や日々の仕事から離れ、スポーツ実践に関わるすべての〝する（active）〟と〝みる（passive）〟を目的とした非商業的、及び商業的なツーリズム」（Standevan and De Knop 1999: 12）と定義されてきた。この定型化された「する」「みる」の分類軸に一石を投じたのがヘザー・ギブソン（Gibson 1998）である。ギブソンは、これまでのスポーツそれ自体を「する」「みる」の消費形態に加えて、有名スポーツチームやオリンピックなどの記念館やスタジアムといった有形から、栄光や歴史など無形まで幅広い「レガシー（遺産）」を楽しむスポーツツーリズムの消費形態の存在を「ノスタルジア」と呼び指摘した。つまり、ギブソンは、スポーツツーリズムの現代的様相を捉えるには、「する」「みる」のみならず「ノスタルジア」という分類軸を組みこむ重要性を示したのである[2]。本書は、この視点を「記号消費の視点」と呼び、多くを学んでいきたい[3]。

ただし、スポーツツーリズムの消費形態をめぐる議論は、ツーリストを無条件に受け入れる容器として地域社会を描き出すため、結果的にスポーツツーリズムと地域生活の関係を予定調和的に描き出す点では予定調和論の立場と共通しているといえよう。

こうしたスポーツツーリズムと地域生活を予定調和的に語る議論に抗い、スポーツツーリズムの現場から議論を積み重ねてきたのが「動的変容論」である。その背景には、観光対象となる自然環境や地域文化を将来にわたって維持存続していくには、その実質的な担い手であるホスト社会の持続性を模索しなければならないという問題意識が横たわっている。

たとえば、キャサリン・パルマー（Palmer 2004）はタイのゴルフ・ツーリズムを事例に取り上げ、①水田の破壊によって難民化した農民のバンコクへの流入（出稼ぎの構造化）、②天然林の破壊による自然環境破壊、③先進国居住者によるゴルフ場の利用と収益の占有が、ゴルフ・ツーリズムによって地域社会に引き起こされていることを示した。そのうえで、統計データから、ゴルフ・ツーリズムが国家経済の重要な位置を占めている現実も指摘する。こうしたマクロとミクロな分析を交えることで、パルマーは、国家経済への「利益（advantage）」と当該地域社会への「不利益（disadvantage）」という相互関係のなかにスポーツツーリズムが存立している現状を示している。

対して、徹底的なミクロな分析からスポーツツーリズムを再構成しようとする論者たちもいる。ンセド・ントロコとカミール・スワート（Ntloko and Swart 2008）は、南アフリカ共和国で開催されるプロサーフィン大会Red Bull Big Wave Africa（RBBWA）が及ぼす影響を、地域住民の側から描き出そうと試みている。その調査結果から明らかとなった地域住民にとってのＲＢＢＷＡとは、①ローカルビジネスに対する肯定的な経済効果、②地域住民の地域社会に対するアイデンティティの醸成を促進させる効果を確認できるものであった。しかしそれは一方で、①大会参加者への公共施設の貸し出しをめぐる住民間の争い（地域内の軋轢を産み出す契機）、②一部の地域住民による経済的利潤の独占（経済的還元の不均等）、③大会開催によって持ち込まれたゴミがもたらす自然環境の悪化であった。つまり、ＲＢＢＷＡとは、地域住民にとって利益と不利益が複雑に絡み合いながら経験される社会的事象であったことが明らかにされている。同様にエリザベス・フレッドライン（Fredline 2004）も、オーストラリアにおける複数のメガ・スポーツイベントを事例に、スポーツツーリズムの影響や効果とは地域社会にポジティブにのみ反映されるわけではなく、利益と不利益が複雑に交わるかたちで顕在化することを示している。

このように動的変容論は、スポーツツーリスト（ゲスト）のみならず、それを受け入れる地域社会（ホスト）を論理構成に組み込むことで、スポーツツーリズムをめぐる予定調和な議論に見直しを迫り続けている。これら動的変容論の「発見」をあえて端的に示せば、スポーツツーリズムの地域社会へ及ぼす波及効果や影響とは、各々の地域社会との個別具体的な関係に応じて常に変化しているという、たいへんに素朴なものである。ところが、この素朴な発見はスポーツツーリズムと地域社会の関係を考えていくうえで大きな意味を持っている。なぜなら、各々の地域社会との関係のなかでスポーツツーリズムの機能や価値が構築されるという見方は、スポーツツーリズムの機能や価値を本来的で固定的に考えてきたこれまでの視点とは大きく異なるからである。このスポーツツーリズムと地域社会の関係を動的に把握しようとする視点は、本書が光を当てようとする空間紛争に迫るための導きの糸となるであろう。なぜなら、緊張関係として捉えるためには、両者の関係を常に変化し続けるものとして捉えなくてはならないからである。そこで本書は、この動的変容論の視点を「動態的視点」と呼び学んでいきたい。

2　観光のまなざし論からみた持続的スポーツツーリズム

2-1　観光のまなざし論

以上のスポーツツーリズムをめぐる議論から、本書が学ぶべき知見は大きく以下の二点にまとめることができよう。ひとつが、これまで定型化されてきた「する」「みる」という分類軸では捉えきれない、スポーツツーリズムの現代的な様相を捉える「記号消費の視点」であった。もうひとつが、スポーツツーリズムと地域社会を常に変化し続ける関係として捉える「動態的視点」であった。ここからは、これらの視点を本書の研究視角として取り入れるべく観光のまなざし論に言及していきたい。なぜなら、観光のまなざし論は、日常との差異を記号的に消費する対象となることで、特定の地域空間が外部からの非対称な権力関係のなかで観光地に構築されていくと考えるからである。

一般的に、観光地が発展するメカニズムは次のように説明がなされる。たとえば、岡本伸之編（2001）は、①交通の革新的発展、②宿泊設備の整備、③観光関連産業の複合化と発展、④観光状況の普及、⑤移動の阻害誘因の撤廃・緩和という五つの条件整備が観光地を発展させるために不可欠な要素であると述べている。これらの諸条件が整えば整うほど観光地は発展するという考え方は、世界各地の多くの観光開発や政策を根本から支えている。しかしながら現実に目を向けると、インフラも十分に整い、宿泊施設が軒を連ねているのにもかかわらず「さびれていく」観光地は多い。こうした現実を横目に、ジョン・アーリは「観光のまなざし」という概念を用いることで、なぜ、どのようにして、ある地域空間が観光地になったりならなかったりするのか、という根源的な問いに答えようとした。

観光のまなざし論を理解していくうえで、まずは「労働」の概念を整理していくことが適当であろう。なぜなら、アーリは「近代観光」と「労働」を表裏一体の関係として捉えているからである。観光のまなざし論は、近代観光の誕生について次のように考える（Urry 1990＝1995）。一九世紀に誕生した近代産業は、これまでにない賃労働という新たな労働形態を誕生させる。それは、内容や生産物とは無関係に、「何時から何時までここにいなさい」と時間的・空間的に労働者の日常を制約するものであり、社会制度として整備されはじめる[4]。その結果、娯楽・宗教・祝祭と切り離された近代的「労働」が誕生することになる。すなわち、アーリのいう「労働」とは、近代産業の確立と共に発明された組織的で制度化された賃労働を指しているのである。

アーリは、この労働者の日常を時空間的に制約する「労働」が「余暇」を産み出す源泉になったと考える。なぜなら、時空間的な制約から解放されたいという欲求が労働者に広がった結果、休日（時間的な解放）に移動（空間的な解放）する「余暇」が誕生してきたと考えるからである。さらには資本家らの間に、労働者に「余暇」を与えることは労働力の再生産を促し、結果的に労働効率を向上させるという新たな価値観が芽生えていく。これらが両輪となり、労働者らが「余暇」を過ごすための避暑地が、イングランド南部に次々に創りだされていくことになる。これがアーリの考える近代観光の誕生である。

さて、肝心の「観光のまなざし」は、「労働」を基軸に「社会的に構成化され組織化されている」（Urry 1990＝1995: 2）という。アーリによれば、産業が高度化した現代における私たちの日常は、「労働」によって時空間的な制約をより受けるようになっている。そのためアーリは、時空間的な制約からの解放は、近代的人間の根源的な欲求のひとつだと考えるのである。そして、近代的人間は「異なった尺度あるいは異なった意味を伴うようなものへの強烈な楽しみの期待」（Urry 1990＝1995: 5）を感じる社会的存在となる。さらに、この観光のまなざしの源泉となる「異なりへの楽しみや期待」は、映画、広告、写真、テレビなどの社会的な記号システムを通じて果てしなく再生産され、呼び起こされ、強化されていく。そのため観光のまなざしは、日常とは区分されるイメージや記号に向けられ、その集積と消費に向かって構築されていく。だからこそ、「観光のまなざしの最も重要な特徴は、日常と非日常の間に線を引く二分法にある」（Urry 1995＝2003: 314）のである。こうした理解を経て、観光のまなざし論において観光とは、日常から非日常を区分し、そこに生じる差異を認識し、その差異を楽しみ消費する社会実践として理解されるのである。そう考えるからこそ、観光地に存在する観光資源やインフラではなく、日常からの差異こそが、観光を産み出す源泉となるのである。

この差異という論点から観光事象を捉えようとする視点は、「記号消費の視点」と同質といえよう。ただし、観光のまなざし論からみれば、「記号消費の視点」が強調する「ノスタルジア」とは、「今より過去へと向かう心性」（土屋 1991: 33）という記号消費の一形態でしかない。そこで、本書では「記号消費の視点」を「ノスタルジア」に限定することなく、日常との差異を消費するという領域まで拡大していきたい。

さて、観光のまなざしは「労働」によって時空間を制約された日常を起点とするため、「労働」を「取り巻く社会構造や時代背景が色濃く投影され」（安村 2004: 10）、常に変化をし続ける。なぜなら、「労働」を取り巻く環境は、常に変化し続けているからである。よって観光地は、「そこに差異を生み出し、記号化し、まなざしの対象になることが観光を活発化させていくことになるため、外からの観光のまなざしに自ら身を投じていく危うさ」（堀野 2004: 115）に常に晒され続けることになる。移ろい続ける観光のまなざしの対象であり続けるために、地域社会は非対称な関係のなかで観光地として構築されていくのである。生活の糧を得る手段であったはずの観光によって、いつのまにか地域生活が振り回され始めていくのである。

このように観光のまなざし論は、地域空間が圧倒的な非対称な関係のなかで、観光地に構築され続けていると考えるのである。この視点は、動的変容論の「動態的視点」と類似であるといえよう。ただし、動的変容論と観光のまなざし論の決定的な相違点は、記号消費の視点の有無にある。そこで、本書ではスポーツツーリズムと地域生活の関係を動的に捉えていく際に、地域空間が記号的に消費されていく様相にまで視野を広げていきたい。

2-2 日常との差異を産み出す「媒体」としてのスポーツ

非対称な関係のなかで地域空間が、観光地に構築されるという観光のまなざし論の見取り図には多くの批判が寄せられてきた。たとえば、エドワード・ブルナー（Bruner 2004 = 2007）は、その一元的に支配されるという図式は、様々なアクターの多様な対応を包摂することができないと批判し、「疑いのまなざし」という対抗概念を提示している。また、須藤廣（2006）も、「観光における表象が伝統や絶対的な実在といったものから解放されているのであれば、コピーから生まれた記号のコードの読み方も、再帰的に想像＝創造される可能性を常に留保している」と述べている。つまり、これらの批判は、観光を力関係や支配の構図からではなく、それに対する受け手の多様な抗力や解釈に光を見出す視点の必要を述べているのである。こうした観光のまなざし論の構図に修正を迫る批判は論理的には的を射ているし、その理論的脆弱を補完する建設的な指摘であるといえよう[5]。しかし、本書の問題意識からみた場合、観光のまなざし論のポイントは「日常との差異を楽しむ」社会実践としての観光を捉え直した点にある。つまり、行為自体は何の問題もないはずの「日常との差異を楽しむ」ことがいかにして社会問題に移行していくのか、そのメカニズムを浮き彫りにしたことに観光のまなざし論の魅力はある。

では、観光のまなざし論によってあぶりだされたメカニズムとはどのようなものなのであろうか。たとえば、アーリは、ウィガン埠頭遺産センターにおける文化や自然の観光化をめぐる事例を次のように分析している。そのセンターでは、「建築を含む一連の人工遺物を来訪客に見せたり、そうした人工遺物をめぐって形成される生活様式を視覚化させたりする際に、視覚化に重きが置かれることに起因して、遺産の歴史が歪められ」（Urry 1995＝2003: 265）てしまっているという。そして、当該の地域空間に埋めこまれてきた人々の「社会的経験がとるに足らないものにされ、周辺に追いやられてしま」（Urry 1995＝2003: 265）ったという。この分析からアーリが論じるのは、観光の現場に生じる社会問題を対象化する際に重要となるのは、文化や自然が商品化されること自体ではなく、その商品化がどのように表象されているのかという点にあるということである。つまり、観光のまなざし論からみた場合、文化や自然が観光化されるということは、観光客が自身の日常から観光地の文化や自然との差異を認識し、それを記号的に楽しみ消費するという、再解釈を前提とする社会実践に他ならないのである。[6]

こうした観光を、地域空間の再解釈によってはじめて成立する社会実践、言い換えれば、地域空間に新たな意味を付与したうえで、その意味の消費を楽しむ社会実践として捉える枠組みは、スポーツツーリズムをめぐる新たな論点を私たちにもたらしてくれる。それは、「するスポーツ」「観るスポーツ」「支えるスポーツ」を目的とするスポーツツーリズム（愛知東邦大学地域創造研究所編 2015; 日本スポーツツーリズム推進機構編 2015）という語り口が典型であるように、スポーツツーリズムそのものを観光資源として捉えるのではなく、スポーツを「媒体」に創出される日常との差異の消費を楽しむ社会実践としてスポーツツーリズムを捉える枠組みである。つまり、観光のまなざし論からみれば、スポーツツーリズムとは、特定の地域空間を「スポーツ空間」として外部から新たに意味づけることではじめて成立する社会実践として捉えられるのである。[7]そのように考えれば、持続的スポーツツーリズムがどんなに「持続的開発」の理念を踏まえることで、自然環境や地域生活の場を物理的に保全したとしても、ある地域空間を「スポーツ空間」として外部から意味づけ消費するという点では、かつてのリゾート開発と変わらないのである。

2-3　空間定義の二重化からみる持続的スポーツツーリズム

ただし、観光のまなざし論から持続的スポーツツーリズムを捉えていくうえで慎重にならなければばならない点がある。それは、観光のまなざし論で想定される観光客は次々と入れ替る「一時的」な滞在者であるという点である。

たとえばアーリは、文化や自然といった地域空間が観光により表象され消費されていくメカニズムの内実に迫る際に、特定の地域空間への帰属性から説明を加えていく[8]。アーリは、そこに暮らしてきた人々の特定の地域空間に対する帰属性を、「土地（land）の営み」と呼ぶ。これは「ある生活パターンに入り込むということであり、そこでは、生産的、非生産的な活動が互いに響き合うとともに、特定の地域空間と響き合い、人間と周囲の環境は一体となっている」ものであり、「過去、未来の所有者との時間を超えた住まいの感覚」（Urry 1995＝2003: 242）として通時的に構築されるという。他方でアーリは、観光客の特定の地域空間への帰属性を「景観（landscape）の営み」と呼ぶ。これは、土地の営みとはまったく異なるもので、「その決定的な特徴を見た目ないし外観にもった」ものであると同時に、「訪問者による余暇、休養、視覚的消費に重点をおいたもの」（Urry 1995＝2003: 242-3）であるという[9]。

これらの対立概念を用いて、アーリは、「土地から景観への変転」（Urry 1995＝2003: 245）を生み出す社会実践として観光を議論する。すなわち、時間軸を持たない観光のまなざしの営みは、その地域空間に埋め込まれた個別具体的な時間軸を持つ「社会的経験」とは決定的に異なる営みなのである[10]。つまり、観光のまなざし論は、観光によって地域社会に引き起こされる問題の根源には、観光対象となった地域空間への帰属性をめぐる「時間軸の有無」が横たわっているという前提をもっているのである。

ところが、本書が扱う持続的スポーツツーリズムの場合、地域空間を「スポーツ空間」として新たに意味づける人々は、一般的な観光客のように次々に入れ替わる不特定多数の一見客ではなく、特定のエコスポーツに関わるある程度限定された人々である場合が多い。種目によっては組織化（スポーツ団体化）されている場合もある。そしてなによりも、彼らにとって、その地域空間は個別具体的なスポーツ利用の歴史を有する「スポーツ空間」として定位している場合が多いのである。なぜなら、持続的スポーツツーリズムの対象となる空間は、どこでもよいわけではなく、サーフポイント、ダイビングスポットと呼ばれるように、特定のスポーツの競技特性に適した非常に限定された地域空間であることが多いからである。すなわち、持続的スポーツツーリズムと地域生活が切り結ばれていくありようを描き出すためには、それぞれの地域空間との関わりの経験や歴史を記述しながら「意味の位相」にまで踏み込んでいく必要がある。しかしここで重要な点は、ある特定の地域空間をスポーツ空間として意味づけることは、地域生活のそれとは文脈の異なる営みであるという点である。

そこで本書は、持続的スポーツツーリズムと地域生活が切り結ばれていくありように迫るために、それぞれがどのようにその地域空間を意味づけているのか／きたのかという「空間定義の二重化」を軸に据えながらモノグラフを記述していきたい。そうすることで、エコスポーツを通じて日常との差異を楽しむという「行為の位相」においてまったく問題を持たない持続的スポーツツーリズムが、「意味の位相」や「権力の位相」において空間紛争[11]として地域社会に顕在化していくありようを描き出すことが可能となろう。本書は、「空間定義の二重化」を基本的な軸として特定の地域空間を舞台に、エコスポーツを通じて関わる人々と地域生活を通じて関わる人々[12]それぞれが、どのようにその地域空間を意味づけているのか／きたのかを記述していく（序章図1）。

第 2 章

持続的スポーツツーリズムを支える人々とその論理

──四国の山村とウォーキングイベント

本章では、徳島県の山村を舞台に、地域住民が自ら進んで持続的スポーツツーリズムを支える担い手となっていく事例を取り上げる[1]。

これといって目立った観光資源のない四国の山間地において、四国遍路は貴重な観光資源として再評価されはじめている。なぜなら、遍路道が古道として整備されたことで、一九九〇年代後半から歩いて四国八八ヵ所をめぐる「おへんろさん[2]」が増えているからである。さらに、民間によるバスツアーが従来の寺院巡りから、部分的に遍路道のウォーキングを組み入れたことで、遍路道を歩く人が急増しているからである。こうした四国遍路を取り巻く状況を踏まえ、一九九九年に神山町によって企画された遍路道を活用したウォーキングイベントが本章に登場する「空海の道ウォーク」である。四国の中山間地において、数百人を集める数少ないイベントとして現在まで継続的に実施され続けている。

本章に登場する松尾の人々は、このウォーキングイベントに地元ボランティアとして休憩所や飲食物の「お接待[3]」を続けている人々である。その姿は「支えるスポーツ」の好事例のようにみえる。さらには、彼らの活動はスポーツイベントを超えて、「おへんろさん」への無料宿泊所の建設やその日常的な管理にまで広がっている。この松尾の人々の活動は、どのような論理のもとに立ち上がり継続され続けているのであろうか。本章では、松尾の人々がウォーキングイベントの担い手となっていく具体的なありようを、地域生活の経験のなかに埋め戻しながら描き出していきたい。その作業は、持続的開発論において語られる住民参加の語り口とは別の側面から彼らの活動を支える論理に接近することになるだろう。

1　住民参加か動員か

本書が対象とする持続的スポーツツーリズムを支える「持続的開発」の理念と観光をめぐる議論は、主に欧米においてサステーナブル・ツーリズム研究として積み重ねられてきた。ゼンホア・リュウによれば、(Liu 2003) その流れには二つの大きな流れがあるという。ひとつは持続的な経済発展を主題としたものである。この議論は、ホスト社会における乱開発を問題として、ホスト社会へのインパクトの最小化と経済発展の最大化を実現する「持続レベル」の探索を主題とするものである。そのため、議論の中心となるのが、ホスト社会の観光産業を受け入れる許容量(物理的・心理的など様々)や経済成長速度を計測する手法やその指標の開発となる場合が多い。もうひとつは観光資源となる自然・景観・史跡・文化などの保全・保護を主題としたものである。これらの議論は、開発と保護という相反するベクトルをもつ関係であるが、結果的に地域住民の存在が軽視されているという点では共通しているきらいがある。

こうした反省から近年では、地域住民への視点はサステーナブル・ツーリズム論には不可欠なものとなりつつある。それらは主に、住民参加の必要性として登場する(Bramwell and Lane 2000; Hitchcock 1993; Murphy 1985)。住民参加は、観光産業によって産出される利益を確実に地元に還元するために、観光開発計画とその過程における地域住民の資本参加や計画参加が不可欠であると主張される。同様に、住民参加の重要性は観光資源の保全をめざす研究者たちによっても主張されている（伊藤 1997; Eagles 1999＝2005; Honey 1999）。

以上の議論のなかで、サステーナブル・ツーリズムの実現には、地域住民を軽視してはならないという点は首肯しうる。なぜなら、観光客とは異なり、地域住民とは、そこにこれからも暮らし続ける人々だからである。しかし、住民参加をめぐる議論に違和感を覚えるのは、サステーナブル・ツーリズムが地域住民にとってどのような意味があるのかはつゆしらぬまま、その計画や管理段階に対して自主的で積極的に参加する地域住民を前提に議論が進められていく点である。一見、地域住民の立場に立つようにみえる住民参加の議論ではあるが、実際は「あるべき住民参加」を前提に、地域住民をサステーナブル・ツーリズムに取り込むべき動員の対象と捉えているのである。

そこで、本章では、地域生活とウォーキングイベントが切り結ばれていくありように注目していきたい。そこから、上述してきた議論では語られることのない、なぜ、どのようにして地域住民たちがウォーキングイベントの担い手となっていくのか、その具体的なありように迫っていきたい。

2　現代の四国遍路

伝承によれば、四国遍路は約一二〇〇年前に空海によって開かれた仏教巡礼である。巡礼者は約

図1　八八ヵ所の札所寺院の位置

一二〇〇キロメートルの巡礼のなかで八八ヵ所の札所寺院を巡る（図1）。近年、四国遍路へとやってくる巡礼者／観光客数は三〇万人から四〇万人と推定され[4]ており、関東圏を中心とした全国各地からの来訪客である。一九五一年の道路交通法改正により、巡礼者の移動手段は徒歩から、一九五〇年代には観光業者によって企画されたツアーでの観光バスに移行していった（長田 2005）。一九六〇年代になると、団体バスに代わって、自家用車を利用した巡礼者が中心になってくる（佐藤 2004）。ところが近年になり、自転車や徒歩での巡礼者が再び若者を中心に数を増加させている[5]（図2）。こうした現象について森正人（2005）は、NHKが放送した「八十八か所——こころの旅」に代表されるメディアの影響を土台に、一九九〇年代から、現代四国遍路は宗教空間というよりも現代社会における「癒し」や「自分探し」の空間として再創造されていると述べている。

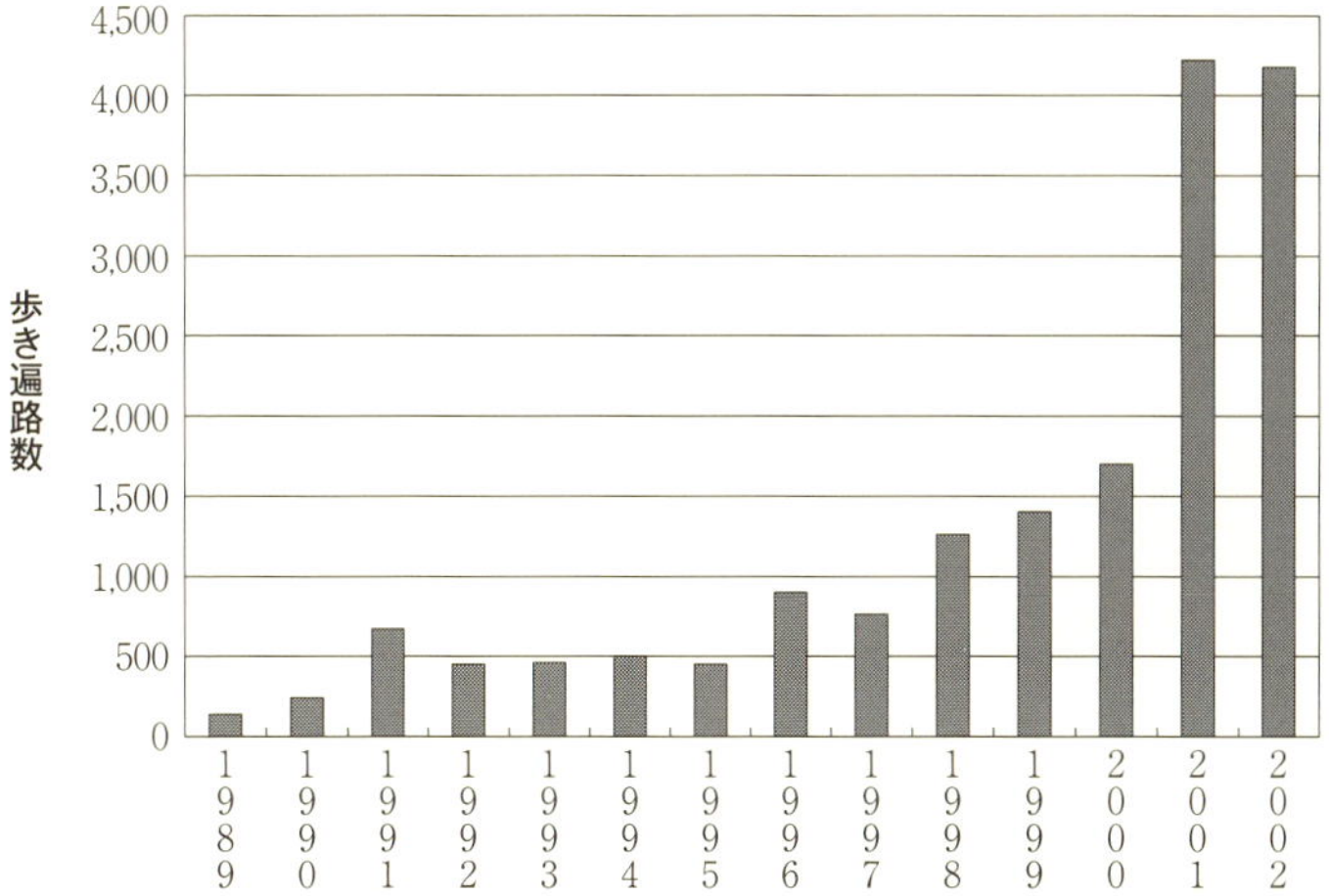

図２　歩き遍路数の推移1986〜2002年（出典：一番札所資料を元に著者作成）

写真１　復元された遍路道と道しるべ（撮影：著者）

こうした動きを後押ししているのが、一九八七年より開始された、歴史文化財を結ぶ国土交通省ルートと自然歩道として整備された環境省ルートからなる長距離自然歩道「四国のみち」のインフラ整備である。さらに、その「四国のみち」を活用した有志による「へんろみち保存協会」の存在がある。その活動内容は、遍路道の復元作業、道しるべの整備、遍路道や宿泊施設（無料宿泊所から有料宿泊所まで）を掲載した書籍の発行である（写真1）。

3　松尾の人々とウォーキングイベント

3-1　お接待としての遍路小屋建設

徳島市から車で約一時間に位置する神山町松尾は二八戸、住民七一人の聚落社会である。この辺りには助けを求める平家の落人を見殺しにした伝説が残っており、一二世紀にはすでに集落が存在していたといわれている。剣山地に位置する松尾は急勾配の険しい山に囲まれており、林業や養蚕を主な生業としてきた。しかし、それらは林業自由化と化学繊維の普及に伴い姿を消し、一九八〇年代から生花用の花木生産地へと生業を移行させてきた。近年では、急速な少子高齢化と過疎化が進行している（図3）[6]。

二〇〇三年一二月、柳水庵という仏堂のかたわらで「おへんろさん」へ食事と寝床を廉価（戦前は無料の簡易宿泊所であったという）に提供し続けてきた一〇〇年以上の歴史をもつ宿が閉鎖された

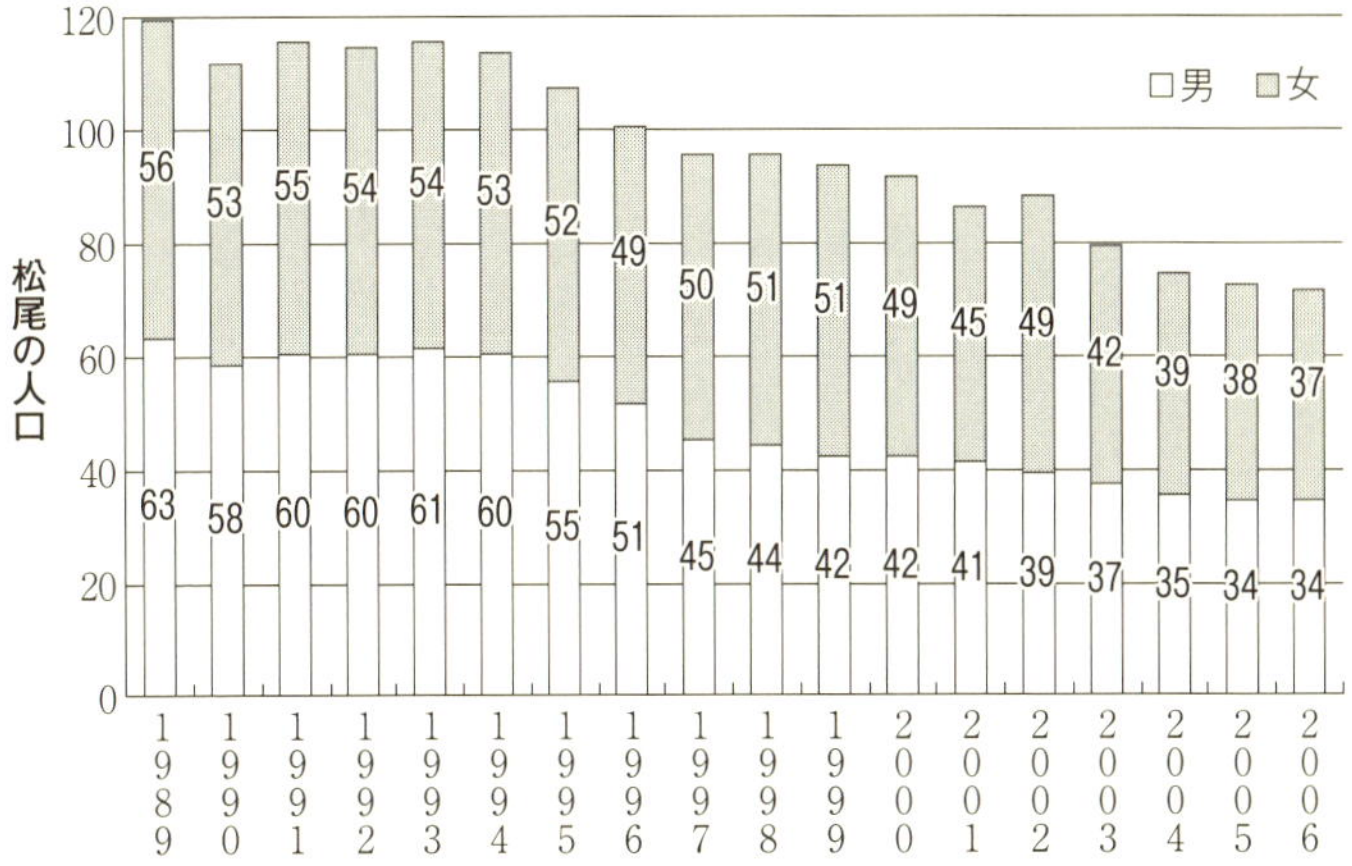

図３　松尾の人口推移1989～2006（出典：神山町役場資料を元に著者作成）

写真２　柳水庵（右）と閉鎖された宿（左）（撮影：著者）

写真3　松尾の人々によって建設された遍路小屋
（撮影：著者）

（写真2）。しかし、その三ヵ月後には柳水庵の敷地内に松尾の人々によって、無料で簡易宿泊所として利用できる遍路小屋が建てられた。この遍路小屋は松尾の人々によって定期的に清掃がされ清潔に保たれているだけでなく、水道や電気も引かれており、快適に一夜を過ごすことが可能となっている。また松尾の人々から飲み物や季節の果物などが持ち込まれ「おへんろさん」と松尾の人々の交流の場となっている。また、春のスポーツイベント「空海の道ウォーク」（後述）では、次から次へと到着する参加者の休憩所となり、一〇〇人程度の小さな山村である松尾最大の賑わいをみせる会場ともなっている（写真3）。

こうした松尾の人々の活動は、行政の広報誌や四国遍路を扱う雑誌やＷｅｂサイトにおいて、四国遍路に息づくお接待精神として大きく取り上げられている[7]。遍路小屋に置かれたメッセージノートには、険しい山道に心身ともに疲労した「おへんろさん」や、「空海の道ウォーク」（後述）の参加者からの感謝のメッセージがところせましと書き残されおり、それを読むのが松尾の人々の楽しみの一つとなっている。これらの記事やメッセージから読み取れるのは、「へんろ転がし」と呼ばれる四国遍路随一の険しい山道（写真４）に唯一存在した宿泊施設が、無料というかたちで復活したという現代に体現されたお接待精神への驚きと感謝である。遍路小屋に置かれたメッセージノートにはとりわけ松尾の人々のお接待に対する感謝のメッセージが多く残されている。

ところが、この松尾の人々の活動に積極的に加わらない者もいる。その代表が、柳水庵の法的な所有者である四国八八ヵ所第十二番札所の焼山寺である。柳水庵のかたわらにある宿の建物は、高齢を理由に閉鎖した所有者の希望で二〇〇四年六月に焼山寺に寄進されている。現状では、焼山寺が遍路小屋で起きる様々な責任を負うことになる。そのため焼山寺としては、責任の所在を理由に、柳水庵の敷地内における松尾の人々の活動に積極的な賛意を示せないでいるのである。

遍路小屋をめぐる活動への両者の見解は次のような相違がある。松尾の人々からすれば、利用者がお接待として認識しているのであれば、柳水庵の敷地内での活動は仏教の教えに基づいたものであると考えている。それに対して焼山寺は、「お接待をするならば遍路小屋を建てるのではなく、各個人の自宅を開放する精神、それが本来のお接待である」と述べ、柳水庵での活動は本来のお接待にはならないというのである。たしかに、四国遍路の長い歴史においてお接待は各個人の自宅を開放して行われてきた。そしてそれは、松尾においても例外ではない。松尾の人々によれば、戦前

写真４　柳水庵周辺の遍路道（撮影：著者）

までは自宅に「おへんろさん」を招き入れるお接待は日常的にみられる光景であったという。松尾の古老は子供の頃の記憶をこう語っている。

私が学校からうちに帰るとね、顔見知りのおへんろさんが一人で風呂の湯をわかして待ってるのよ。ほら、お父さんお母さんは畑でしょ。でね、私が風呂に入っている間に、おへんろさんが米炊いてくれて、家族みんなと夕飯食べたものよ。あのおへんろさんは年に何度かうちに来て、いつの間にか家にいて、いつの間にかいなくなってたね。

この語りは、松尾の人々によるお接待が「地域生活の時空間」に「おへんろさん」を引き入れることで成立していたことを示している。ところが戦後になり、柳水庵が有料宿泊施設として整備されたことで「おへんろさん」は柳水庵に留まり、松尾の人々との接触機会は少なくなり、「おへんろさん」を自宅に招き入れるお接待は姿を消していった。つまり、柳水庵に宿泊所が登場したことで、松尾におけるお接待は「地域生活の時空間」に引き込むかたちから、柳水庵という「観光の時空間」へゆっくりと移行してきたのである。

ここで一つの疑問が浮かぶ。それは、なぜ松尾の人々は柳水庵の宿泊所を再開させることや、自宅を開放するという過去の経験に立ち戻ることなく、遍路小屋という新たな空間を作り出すことを選択したのであろうか。ではここからは、どのようにして遍路小屋が松尾の人々によって建設されたかを追ってみたい。

3-2　松尾の人々からみた四国遍路――婦人部の結成と遍路小屋建設

一九九〇年代ごろから松尾では、人口流出による担い手不足によって、これまでの地域住民組織とその活動を大字や町といったより大きな単位に移行あるいは消滅させてきた。その結果、現存する地域住民組織は消防団とお大師講のみになってしまった[8]。そのような状況の中で、二〇〇三年に松尾花木生産組合の婦人部をベースに新しく再編された地域住民組織が、本論に登場する柳水庵ボランティアグループ（地元では婦人部と呼ばれているため、以降婦人部とする。婦人部は後述に出てくる婦人会とは異なる）である。この婦人部が実質的に柳水庵に遍路小屋を建設し維持管理を担っている地域住民組織である。婦人部は松尾に居住する五〇代～七〇代の計一〇人によって構成されており、メンバーの全員が花木農家である[9]。

この婦人部が結成されたきっかけは、柳水庵がある一一番札所藤井寺から一二番札所焼山寺までの遍路道を歩くウォーキングイベント、「最後に残った空海の道ウォーキング（以後、空海の道ウォーク）」にある。空海の道ウォークは、神山町役場が一九九九年に地域活性化の一端として企画して以来、毎年五月に、主に都会から五〇〇人～八〇〇人を集客し開催されている。空海の道ウォークが計画されるなか、中間地点にある柳水庵でイベント参加者に向けたお接待の話が持ち上がっていることを松尾の主婦である久代さん（仮名）が聞きつけた。久代さんは「他所の人にやってもらったら困る」と、お接待ボランティアの募集を一時的に止めてもらうよう役場勤務の夫に頼み、高齢者や勤めに出ている者を除いた松尾の女性全員に呼びかけた。久代さんの「松尾のことは松尾で」という呼びかけに応じた女性らによって空海の道ウォークでのお接待が現在まで継続されているのである。「他所の人にやってもらったら困る」や「松尾のことは松尾で」という言説が使用されているにもかかわらず、実際のところは、婦人部の女性らはそのときまで柳水庵へ足を運ぶことはほとんどなく、空海の道ウォークが柳水庵に足を運ぶきっかけになったという。

平行して、二〇〇〇年頃から、柳水庵の宿を営む高齢夫婦だけでは柳水庵の手入れが行き届かなくなり、松尾の女性らの数人が柳水庵の掃除を手伝い始めたという。当初は有志の数人が個人的に手伝いを行っていたが、やはりここでも「松尾のことは松尾で」とのちの婦人部の全メンバーに呼びかけ、二〇〇三年八月に正式に婦人部が結成されることになる。婦人部が結成された当初の目的は柳水庵の清掃活動であり、現在も年一回の空海の道ウォーク以外の活動のほとんどが清掃であるため、彼女たちは婦人部の日常的な活動を「掃除に行く」と呼んでいる。「掃除に行く」ことがメンバーの負担にならないように、婦人部の結成時から、三人一組で月一回のローテーションが組まれている。活動内容は二時間程度の掃除と、やってくる「おへんろさん」を交えたり、書き残されメッセージを話題にしたりしながらお茶やお菓子を楽しむといったものである。婦人部結成から四ヵ月後の二〇〇三年一二月、所有者の老夫婦が老人ホームに移り、柳水庵の宿は閉鎖された。その後、婦人部が柳水庵と宿の鍵を預かり、月一回の活動日に柳水庵と宿の窓を開け空気の入れ替えを行っていたが、柳水庵が焼山寺へと寄進されてからは空気の入れ替えは行われていない。

さて、いつものように「掃除に行った」ある日、婦人部のメンバーが柳水庵のトイレの軒下で凍えた「おへんろさん」を介抱する出来事が起きる。柳水庵の宿が閉鎖された後、「へんろ転がし」の難所を踏破し切れずに着の身着のままに野宿せざるをえなくなった「おへんろさん」を不憫に思い、婦人部のメンバーは、当時の所有者であった老夫婦に対して、柳水庵の敷地内に簡易宿泊施設を設置することを提案する。しかし、その提案は管理人不在の宿泊所に「住み着かれては困る」という理由で一端は断られてしまうが、婦人部が管理を請け負うという条件で、遍路小屋の建設が決定することになる。

まず彼女たちは「阿川ボランティア会」という町内清掃・山林管理・狩猟活動などを行う、松尾を含んだ大字阿川の男性のみの地域住民組織に遍路小屋の建設を依頼する。阿川ボランティア会は資金の提供を神山町観光産業課に相談し、四国四県で観光振興策として行われていた「四国いやしのみちづくり事業」から建材費の約五〇万円が支給されることになる。建設作業は阿川ボランティア会によって着手され、二〇〇四年三月に遍路小屋は完成した。この遍路小屋建設は、行政事業の広報誌に現代にも息づくお接待精神の現れとして皆の笑顔の写真と共に掲載されている。松尾の人々と阿川ボランティア会のメンバーが遍路小屋について語る際、この完成祝いの祝宴は不可欠な話題であり、計画から建設までの一連の事業期間は皆に楽しい記憶としてある。遍路小屋完成後、「掃除に行く」活動は遍路小屋が中心となったが、これまでと変わらず「おへんろさん」を捕まえての井戸端会議が繰り返されている。

たしかに、この婦人部の活動をウォーキングイベントや四国遍路という伝統を支える住民参加の好事例と捉えることはできよう。しかしながら彼女らの日常に目を凝らしてみると、遍路小屋の建設にいたる経緯にはもう一つの語り口があることに気づく。

3-3 もう一つの語り口

柳水庵と松尾の間には二〜三キロメートルの距離があるにもかかわらず、まれに松尾の「地域生活の時空間」に入り込み野宿する「おへんろさん」がいる。遍路小屋建設の話が持ち出される直前に、「地域生活の時空間」に「おへんろさん」のテントが数日間張りっぱなしにされる「事件」が起きた。数日もの間、テントの持ち主の姿が見えないため、自殺か山に迷い込んでしまったのではないかと、有志が近隣を探し回るという集落全体を巻き込んだ騒ぎが起きたのである。テントの張りっぱなしがこのような大騒ぎにまで発展したのには、四国遍路ならではの理由がある。それは、四国遍路が補陀落《ふだらく》信仰[10]を基調とした世界観の中で、歴史的にある種の「死に場所」として位置づけられてきたことに由縁している。そのため現在でも「おへんろさん」は死に装束たる白装束を着て巡礼を行うのである。この「事件」は、「テントが不要になったので必要な人は使ってください」という内容の置手紙がテント内で発見されるという、笑い話にはもってこいのオチで解決を迎えることになる。しかし、この事件が柳水庵の宿の閉鎖後に遍路小屋を建てるもうひとつの動機となったことは皆が認めるところである。つまり、遍路小屋の建設とは、松尾の人々の都合に合わせて「おへんろさん」との関わりを調節するための時空間の創出であると理解することが可能なのである。松尾の人々にとって、閉鎖された柳水庵のかたわらに遍路小屋を建設することは、「観光の時空間」を再建することで「地域生活の時空間」との棲み分けを明確にする営みとしても存在しているのである。遍路小屋の建設は、四国遍路に息づくお接待精神の具現化として語られる一方で、空海の道ウォークや「おへんろさん」といった「観光の時空間」との棲み分けの場としても松尾の人々には定位しているのである。

4　松尾のことは松尾で――遠くの家族より近くの他人

しかしよく考えてみると、棲み分けは遍路小屋の建設によって達成済みであるし、維持管理は公的機関や所有者である札所寺院に依頼可能である。それにもかかわらず、なぜ、婦人部の活動はいままで継続して続けられているのであろうか。

彼女らは活動を継続する理由を、活動をはじめた呼びかけと同じように「〝松尾のことは松尾で〟しなくてはならないからだ」と口々に説明する。つまり、柳水庵は松尾の土地に建っているから松尾の住民で対処しなくてはならない。そのために、柳水庵での活動を開始したし、続けてきたと説明するのである。ここで鍵となる「松尾のことは松尾で」とは、言い換えれば自分たちのことは自分たちでという自前主義的な意思の現れと理解できよう。この自前主義的な言説によって、なぜ、彼女らは互いに納得し合いながら活動を続けてきたのであろうか。それを理解するために、彼女らの日々の暮らしへと視線を向けてみたい（写真5）。

婦人部のメンバーの一人である菊乃さん（仮名）は、小さな体に少し曲がった腰とゆっくりした小声の話し方が印象的な七〇代の女性である。その少し曲がった腰が物語るように、台風以外の日は毎日、花木畑で汗を流す働き者である。旦那さんは数年前に他界され、子供たちは皆都会で職を持って暮らしているため、現在菊乃さんは先祖代々続いてきた家で一人暮らしをしている。自宅を

写真５　松尾の風景（撮影：著者）

訪ねた私の目にふと入ってきたのが、居間の大きなちゃぶ台、そしてそこにひとつだけポツンと置いてある灰皿であった。というのも灰皿にはたくさんの吸殻が残っていたからである。私は不思議に思って「おばあちゃん、タバコ吸われるんですか？」と尋ねると、菊乃さんは「息子が吸うたんですよ、いやー、はずかしい。掃除をまだやっとらんのですよ」とバツが悪そうに灰皿を手にとって台所へと運んでいった。その日は、松尾を含んだ大字のお祭りの二日後だったのである（写真６）。息子さんが祭りの日に合わせて帰省されていたのであろう。菊乃さんは掃除をまだやっていないというのだが、部屋は隅々まできれいに掃除がされて埃ひとつない。それでも、部屋の中心にあるちゃぶ台に置いてある、タバコの吸殻でいっぱいになった灰皿だけ掃除し忘れたと言っているのである。私には、タバコの吸殻が捨てられずに大切に部屋の真ん中に飾られていたように思われた。菊乃さんは、久々に実家

写真6　お祭りの獅子舞（撮影：著者）

に帰ってきた息子が残していた吸殻を名残惜しくて捨てることができなかったのであろう。台所に運んだ灰皿の吸殻は捨てられることなく大切に置かれたままであった。

婦人部のメンバーの一人である良実さん（仮名）は、機関銃のような喋りと元気な笑い声が印象的な六〇代の女性である。その印象的な笑い声とは裏腹に、彼女の毎日は気苦労が多い。というのも、彼女は九〇代の義両親と数年前から体が不自由になった夫の看病をしながら、一人で花木仕事と家事をこなしているのである。子供たちは皆、都会で職を得て生活をしている。また、良実さん自身も病気を抱えており体が決して丈夫ではないという。私が入り浸っていた商店から託けられた商品を届けに私が良実さんのお宅へ伺うと、良実さんは大きな声で「びっくりした」と言い、いつものように機関銃のような喋りをはじめたのである。長い立ち話であったが、まとめると「昨晩、息子が私の体を心配して電話をしてきたから、心配性の息子が自分の様子を見に飛んで来たのかと思った」という内容である。私が良実さんのお宅へ向って歩いているところを、良実さんは畑から見つけて私を息子さんと勘違いをしたのである。私にはその勘違いが、良実さんが密かに息子の帰りを待っている気持ちの表れに思えてならなかったのである。

菊乃さん、良実さんに限らず婦人部メンバー全員の子供が高等教育を理由に松尾を離れ、その後も都会で職を得ている。松尾に戻ってきたり残ったりしている子供は一人もいない。満足のいく職や生活を天秤にかけたとき、実家のある松尾には帰ってこない、帰ってこられないという現実は、松尾の人々に「過疎化」や「少子高齢化」の具体的な現れとして顕在化している。婦人部のメンバーは、この松尾の現実に付き合っていくためには「遠くの家族より近くの他人」が大切と口にする。いざという時に頼れる存在は、遠い町に住む家族ではなく、松尾に住む他人だというのである。

メンバーの皆が積極的に婦人部の活動へ参加しているわけではない。それでも「みんなでやるってことだからね」「土地のことだから行くのが本当よね」といって婦人部の活動に参加を続けている。婦人部のメンバーは、松尾全体で行う活動には、今までそうだったように参加をするべきだと感じている。彼女たちにとって松尾の皆で行う活動に参加をしないことは、いざという時に助けてもらう近隣者の存在を遠ざけ、自分自身を追い込むことへと繋がってしまう現実が松尾にはある。だからこそ彼女たちは参加が難しい状況であっても、松尾の皆で行う活動には参加するし、せざるを得ないのである。子供たちが一人残らず都会へと出ていき、年々年を取っていく自分たちだけで生活を成り立たせなくてはならない状況が松尾の今である。この現実に自分たちで対処しようとするからこそ、久代さんは活動を開始する際に「皆」に呼びかけたのだし、皆がその呼びかけに応じたのである。また、活動を本格化するにあたっては、メンバー全員が参加することが可能となるように、メンバーひとりひとりの状況に配慮したローテーションが組まれているのである。

実は、このような女性たちが皆で集う機会は一九八〇年代後半までは、婦人会やカキ会など数多く存在していたという。婦人会では、踊りを踊ったり、旅行に出かけたりと皆でよく遊んでいたという。しかし、担い手の不在によって婦人会の活動は休止され、女性だけで集う地域住民組織や機会は松尾から姿を消してしまった。最近では、各戸が数百メートルと離れている散村という地理的環境と、高齢によって手馴れていたはずの花木の世話に日々が追われ、松尾の女性らが顔を合わす機会は年に数回程度になってしまったという。そんななか、女性だけで集う集団として復活したのがまさしく「婦人部」だったのである。彼女たちにとって、年一回の空海の道ウォークと月一回の「掃除に行く」活動は、ここで生きていくうえで不可欠な近隣関係を維持強化するという意味を超えて、かつてのように皆で集まり生活に彩を与える機会としても定位しているのである。つまり、婦人部という新たに創設された地域住民組織は、自分たちの生活に彩を与えるものであると同時に、住民たちが支えあう関係を維持・強化するうえで重要な場となっているのである。そのため、活動の内容ではなく、皆で行うということ自体が重要であり、皆で行うということで初めて意味を持つ活動である。そして、その延長線上に空海の道ウォークへの住民参加や遍路小屋の建設は位置づけられているのである。そうであるからこそ彼女たちは、皆で集う機会に結びつかない、自宅でのお接待に回帰することも、公的機関や札所寺院に遍路小屋の管理を委託することも選択しなかったのである。

5　「地域生活の時空間」に位置づけ直される「観光の時空間」

婦人部は、行政が主導する持続的スポーツツーリズムを、自主的・積極的に担い支えている。この婦人部の活動は、持続的スポーツツーリズムの計画・管理段階からの自主的・積極的な住民参加という、理想的な住民参加の典型と捉えることができよう。しかし、その活動を、地域生活の経験のなかに埋め戻してみると、婦人部の活動は、ここでの暮らしを支え合う関係を維持・強化するだけではなく、生活に彩を与える重要な場として定位している。そのため、婦人部の活動は現在まで継続的に行われ、「松尾のことは松尾で」と皆で活動を続けているのである。

少子高齢化と過疎化が進行した土地で、住民たちが経済活動につながらない持続的スポーツツーリズムの担い手になっていく。たしかに、この活動は観光立国を目指すうえで代表性をもつ事例ではないかもしれないが、普遍的な重要性を秘めている。それは、ここで無事に共に暮らしていくことを志向する活動として、持続的スポーツツーリズムが地域生活と固く結びついているという事実である。

観光人類学者の橋本和也（1999）は観光公害から地域生活を守るために、「観光の時空間」と「地域生活の時空間」を棲み分ける必要性を述べている。しかし、松尾の人々の生活実践は、橋本の二分法を超えたところに位置する。なぜなら、遍路小屋は「地域生活の時空間」の都合や必要に合わせて「観光の時空間」との縫合を調整可能とする場のみではなく、「地域生活の時空間」での関係性を維持・強化し、さらには生活に彩りを与えるために創出され活用され続けているからである。つまり、一見、松尾の人々によって分割され、棲み分けられた「観光の時空間」と「地域生活の時空間」は、松尾の人々の視座においては、ここで無事に共に暮らしていくために「観光の時空間」が「地域生活の時空間」の中に位置づけ直された、入れ子の構造として存在しているのである。

限界集落化した松尾において婦人部が持続的スポーツツーリズムの担い手となる文脈は、経済活性や自然環境保護の議論がいう住民参加とは結びつかない。もちろん、彼女たちには遍路小屋を有料化（柳水庵の宿が有料であったように）するなどして観光産業を興し、松尾を都会に出た子供たちが帰ってこられる地域にするという方策は可能性として存在するかもしれない。しかし現在の暮らし（家のこと、隣人のこと、松尾のこと）で手一杯の彼女たちは、その道を現実的な選択肢として選択しなかった。そのうえで、婦人部が自ら進んで持続的スポーツツーリズムを支える担い手となっていく文脈は、松尾の自分たちだけで彩り豊かに無事に暮らし続けていくという志向と切り離すことのできないものとしてあるのである。

第 3 章

生活課題と縫合される持続的スポーツツーリズム

——手賀沼の暮らしとトライアスロン大会

本章では、千葉県の手賀沼で開催される小規模なトライアスロン大会を取り上げる。現在では、こうした小規模な持続的スポーツツーリズムは全国各地で年中開催されているが、それが、そこで、毎年、なぜ開催され続けているのかを説得的に説明するのは、実は難しい。なぜなら、いわゆる「波及効果」から説明し尽くせないからである。たとえば、本章に登場する手賀沼トライアスロン大会の場合、五〇〇人程度が日帰りで参加する小規模なスポーツイベントであり、経済的な波及効果という点では心もとない。また、コース沿いの集落に暮らす人々からのボランティアなどの住民参加もなく、社会的な波及効果という点でも心もとないのである。さらに不思議なことに、トライアスロン大会の開催によって水がきれいになったり、自然環境が再生したりすることはないにもかかわらず、「よみがえれ手賀沼」という環境問題の解決をスローガンに毎年開催され続けているのである（写真1）。

では、いったいなぜトライアスロン大会が、環境問題の解決を標榜する大会として手賀沼で開催され続けているのであろうか。この問いを切り口に、本書は手賀沼トライアスロン大会を、地域生活の経験のなかに埋め戻しながら理解していきたい[1]。

1　所与された波及効果

地域スポーツイベント[2]と地域社会の関係は、地域スポーツイベントが地域社会に及ぼす様々な

「波及効果」という点から説明されることが多い。たとえば、木田悟・岩住希能（2008）は、①経済・産業振興効果、②施設・基盤・都市環境などの整備効果を、次に社会文化的効果として、①人材育成効果、②スポーツ振興効果、③地域アイデンティティ形成効果、④地域コミュニティ形成効果、⑤各種交流促進、⑥地域情報等の発信効果を挙げる。つまるところ、地域スポーツイベントはこれらの効果を本来的にもっているというのである。こうした前提から地域社会への「波及効果」の確認や、それを最大化させる条件を探ろうとしたりする研究は数多い（大西 1994; 北村ら1997; 田畑ら 2007; 青山 2009; 山口ら 2016）。

こうした波及効果の順機能を強調する語り口には、長らく様々な批判や懐疑の念が示されてきた。たとえば森川貞夫は、「地域スポーツイベントの誘致が必ずしも経済的波及効果だけでなく社会的・政治的効果も含めてすべてプラスに働くとは限らない」（森川 1997: 22）と述べる。また海老原修（1996）は、「多くの人々が参集したシーンを地域住民に見せ付けることで、その地域が活性化しているとの幻想」の提示でしかないという。こうした逆機能への言及や、「波及効果」を疑う視点は、地域スポーツイベントと地域社会の関係が再度熟考すべき課題であることを教えてくれる。

こうした批判や懐疑を踏まえて登場したのが、現在ではスポーツ振興基本計画（平成一八年改定）の根幹に位置する、いわゆる「支えるスポーツ論」や「スポーツ・ボランティア論」である。その先駆者である山口泰雄は、地域スポーツイベントの開催は「経済効果だけでなく、社会文化的な効果をもって」おり、「生活の質を高めることができるような地域環境と生活スタイルを考えれば、社会文化的効果をむしろ重視する必要がある」（山口 1996: 223）と述べる。そして、地域スポーツイベントが「まちおこしやむらおこしといった地域活性化につながるためには、何よりも人材が育つことが大切」であり、「そのためには、地域の将来を担う人材が運営する〝手づくりのイベント〟こそ」が重要な鍵になると述べる（山口 1996: 224）。

これら支えるスポーツ論やスポーツ・ボランティア論は、これまで競技者の後背へと押しやられてきたスポーツを実質的に担う人々を表舞台へと引き出した（文部科学省 2002; 北村ら 2005）。こうした主催者や競技者のみならず、その実質的な担い手にまで踏み込んでいく姿勢は、基本的に首肯すべきものである。ただし、支えるスポーツ論やスポーツ・ボランティア論に通底する、地域住民を地域スポーツイベントに取り込むことで「波及効果」を促進させようとする考え方は、「波及効果」を本来的な所与とする通念から逃れることなく、再生産を続けている。

そこで本書は、「波及効果」を前提とすることなく、手賀沼トライアスロン大会と地域生活が切り結ばれていく具体的なありようにフィールドワークから迫っていきたい[3]。その作業は、結果的に「波及効果」という通念とは異なる、手賀沼トライアスロン大会と地域生活の関係を描き出すことになるであろう。

2　よみがえれ手賀沼——大会までの経緯

2−1　手賀沼トライアスロン大会の現状

手賀沼は、千葉県北総地域に位置し、手賀川を通じて利根川に隣接する湖沼である。その最も特徴的な地理的条件は、東京都心まで約二〇キロメートルに位置し、一四八・八五平方キロメートルの流域内に約五〇万人を抱える大都市近郊の湖沼であるという点にある。この手賀沼は一九七四年〜二〇〇〇年までの二七年間、水質（ＣＯＤ値）[4]全国ワースト一位を記録し続けた湖沼としても有名である（表1）。その水質汚濁の代名詞であった手賀沼で、二〇〇六年八月二八日、「よみがえれ手賀沼」をスローガンに第一回手賀沼トライアスロン大会が開催された。第一〇回大会となった二〇一五年大会も、沿道からの温かい声援を受けたトライアスリート六〇七名が、手賀沼でのスイム一・五キロメートル、手賀沼サイクリングロードを活用したバイク四〇キロメートルとラン一〇キロメートルの合計タイムを競った（図1）（写真1・2）。

この大会は、千葉県トライアスロン連合の下部組織にあたる柏市・我孫子市トライアスロン協会が主催する公式競技会である（資料1）。①首都圏内で開催される数少ない公式大会であること、②記録による参加条件が設けられていないこと、③参加費が一般的相場の半額程度に抑えられていること。[5]これらの条件から、手賀沼トライアスロン大会は、初心者から気軽に参加可能なトライア

表1　手賀沼をめぐる年表

年	手賀沼の周辺をめぐる事項	手賀沼の環境をめぐる事項
1896	常磐線の開通	
1901	成田線の開通	
1936		昭和13年の大水害
1938	成常行商組合の結成	
1943	成常行商組合の一時解散	
1945	印旛手賀沼干拓事業の閣議決定	
1949	成常青果協同組合の結成	
1956	手賀沼排水機場の完成	
1957	光ヶ丘団地の入居開始	
1959	手賀沼ディズニーランド計画の浮上 常磐平団地の入居開始	
1960	天王台駅の設置	
1964	豊四季団地の入居開始	
1966		フナの大量死
1968	手賀沼干拓事業の完了	水質保全水域の指定を受ける 稲の倒伏の発生
1970	湖北団地の入居開始	
1974		水質全国ワースト1となる
1979		手賀沼南岸に産業廃棄物処理場が現れはじめる
1980		合成洗剤の追放直接請求運動の開始
1995		美しい手賀沼を愛する市民の連合会の発足
2000		北千葉導水の稼動
2001		水質全国ワースト1の返上
2006		手賀沼トライアスロン大会の開始
2007	柏市不法投棄対策条例の施行	

写真１　手賀沼トライアスロン大会でスタート地点に集まる選手たち（撮影：松村和則）

写真２　ゴール地点で選手を待つ家族たち（撮影：松村和則）

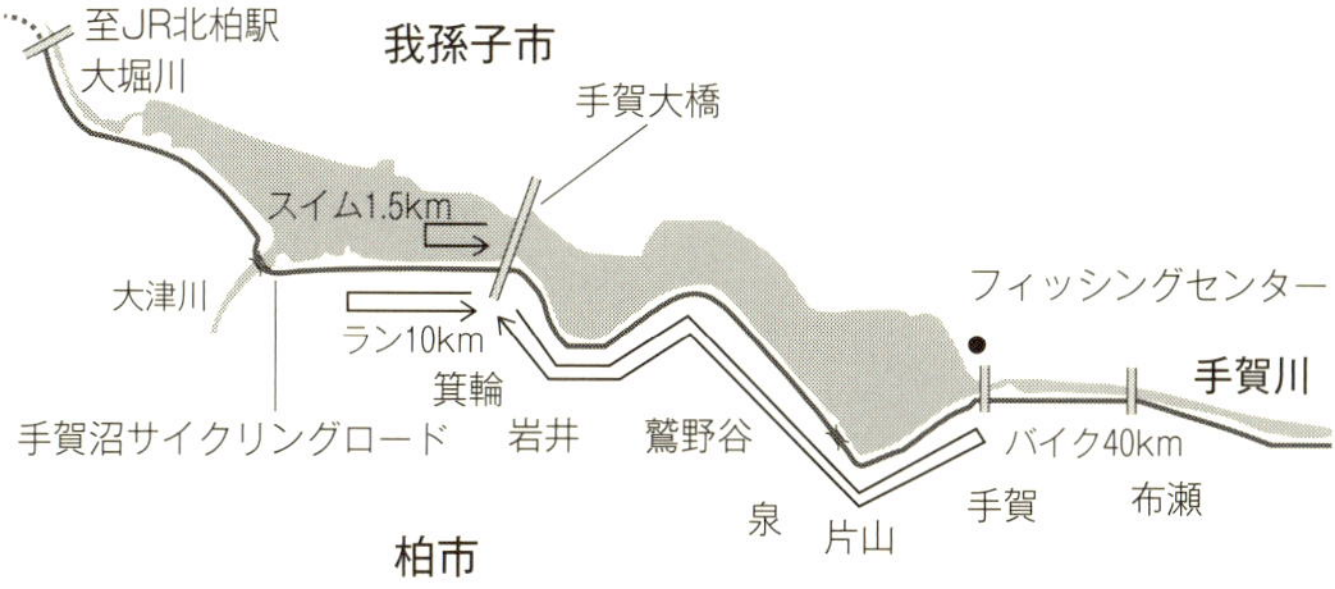

図１　手賀沼周辺とトライアスロンコース（著者作成）

スロン競技大会として、関東近辺を中心に知名度を上げ、参加者数が年々増加傾向にある（表2）。手賀沼トライアスロン大会には「スイム」「ラン」「バイク」を一人の選手でおこなう「個人の部」と三人一組でおこなう「リレーの部」があるが、安全性を確保できる運営規模を維持するため、「個人の部」の定員数を三五〇人程度、「リレーの部」の定員数を五〇チーム程度に抑えてきた。しかし、申し込み者数の増加を受けて、二〇一二年以降は参加定員数を増加させている[6]。ではまずは、この大会が開催されるに至った経緯を追ってみたい。

2-2　大会開催までの経緯

手賀沼トライアスロン大会のルーツは、一九八四年に海上自衛隊下総航空基地の隊員によって結成された下総基地トライアスロン部の活動にある。結成当初から現在まで、部員たちは「ちょうどいい距離」（基地から直線距離で約四キロメートル）に位置する手賀沼の湖畔で「ラン」と「バイク」練習を行っており、以前から「汚くさえなければ」「ここで泳げたらね」と湖

表2　手賀沼トライアスロン大会　参加者数

回次	開催年	個人の部参加者数	リレーの部参加チーム数	合計参加者数
第 1 回	2006	306 名	22 チーム	372 名
第 2 回	2007	248 名	33 チーム	347 名
第 3 回	2008	366 名	46 チーム	504 名
第 4 回	2009	320 名	54 チーム	482 名
第 5 回	2010	339 名	49 チーム	486 名
第 6 回	2011	355 名	48 チーム	499 名
第 7 回	2012	391 名	51 チーム	460 名
第 8 回	2013	404 名	53 チーム	483 名
第 9 回	2014	385 名	52 チーム	541 名
第 10 回	2015	451 名	48 チーム	607 名

資料1　手賀沼トラアスロン大会を支える組織一覧

手賀沼トライアスロン大会
主催：手賀沼トラアスロン実行委員会
主管：柏市・我孫子市トライアスロン協会
後援：千葉県・千葉県教育委員会、国土交通省関東地方整備局利根川下流河川事務局、柏市教育委員会、柏市教育委員会、柏市体育協会、我孫子市体育協会、手賀沼漁業協同組合、我孫子手賀沼漁業協同組合、千葉県手賀沼土地改良区、(社) 日本トライアスロン連合、千葉県トライアスロン連合、柏市市民新聞社（第一回のみ）
協力：道の駅しょうなん、柏市警察署、我孫子警察署、柏市医師会、柏市消防本部、柏市水道局（第二回まで）、千葉県隊友会、手賀沼貸船業協同組合、広瀬ボート、柏市交通安全協会、柏市体育指導員沼南支部（第三回以降は柏市体育指導員）、龍翔太鼓、大津ヶ丘中学校（第一回のみ）、大津ヶ丘小学校（第一回のみ）、ガーディアンエンジェル、㈱ランナーズトラアスロン、ボーイスカウト我孫子一団ボーイ隊（第一回のみ）
特別協賛：㈱ナチュリル（第二回まで）、弘済会（第三回のみ）

畔で話していたという。なぜなら、下総基地トライアスロン部の伝統は、「二六年間の辛く厳しい手賀沼での練習で培われた賜物」であり、「手賀沼をなくしては語れないもの」だったからであったという。

下総基地トライアスロン部の部員は、その名のとおり基地内に留まるものであった。しかし、一九九二年の基地内に温水五〇メートルプールが設置されたことや、当時のトライアスロンブームを追い風に、民間人が部員に参入するまでに広がっていった。さらには、部員の多くが千葉県トライアスロン連合の役員へと名を連ね出し、下総基地トライアスロン部は千葉県トライアスロン連合の中心的な存在になっていく。

九〇年代後期になると、部員たちは千葉県トライアスロン連合の活動を通じて関東圏のトライアスロン人口が増加していることを、身近に感じるようになっていく。そこで部員らが中心となり、一九九七年に海上自衛隊下総航空基地内で千葉県トライアスロン連合主催の下総トライアスロン大会を開催する。初春に開催されていたこの大会は、基地プールでのスイム四五〇メートル、滑走路の周回路でのバイク二二キロメートルとラン五キロメートルの合計を競う公式大会であり、一〇〇名程度の参加者が集まるまでになったという。

ところが、二〇〇一年の第五回大会を最後に下総トライアスロン大会は中止へと追い込まれることになる。開催中止の原因は、二〇〇一年九月一一日に発生したアメリカ同時多発テロであった。部員たちが二〇〇二年の第六回大会に向けて下総航空基地内の設備を管理する担当者を訪れた際に、

「警備が厳しくなりましたから……って、（来年はトライアスロン大会の会場として基地を）使ってほしくないって感じで遠まわしに断られた」という。[7]

とはいえ、「一般道の封鎖は、警察から極度にイヤがられるからね、だから基地内でやっていたわけだし……いまさら代わりの場所っていわれてもね」と、下総地方で新たな開催地を探し出すことは非常に困難であった。また、この頃には下総基地トライアスロン部の部員の大半が、千葉県トライアスロン連合の会員として多くの大会運営に直接的に関わっており、代替地探しにまで手が回らない状態であった。結果的に二〇〇二年以降、下総地方でのトライアスロン大会は姿を消すことになった。

そうした状況の中、彼らは、二〇〇〇年から本格的に稼動を始めた北千葉導水路からの放水によって手賀沼が「目に見えてキレイになりだした」ことを、毎日の練習のなかで実感するようになった。また同じ時期に、北千葉導水路の上に盛土された堤防に手賀沼サイクリングロードが国土交通省によって整備される計画を知ったという。彼らはこれを、「自分たちの庭」である手賀沼で下総トライアスロン大会を復活させる「絶好のチャンス」だと感じたと当時を語る。なぜなら、手賀沼サイクリングロードであれば「一般道を使わない」と同時に、「なんでもキッカケが必要じゃない、ちょうど自転車道が整備されるから、このタイミングを逃すと次はない」と考えたからだという。結果的には、二〇〇六年三月の手賀沼サイクリングロードの完成に先がけて、二〇〇五年に水質検査と部員による試泳会を開催し、二〇〇六年八月に第一回手賀沼トライアスロン大会の開催にこぎつけた。

つまり、手賀沼トライアスロン大会の実働的な担い手の中心である下総基地トライアスロン部の部員たちにすれば、手賀沼トライアスロン大会は「地元大会」を復活させたのみならず、遠回りした末に「やっと自分たちのルーツ」に戻ってきた大会としても存在している。

2-3　ボランティア組織とその成立

現在の手賀沼トライアスロン大会の運営は、手賀沼南岸に位置した旧沼南町（二〇〇五年三月二八日に柏市へ吸収合併）に所在していた沼南町体育協会や各種スポーツ団体が中心となったボランティア活動によって担われている（表３）。

表３　ボランティア団体一覧

団体名	人数
旧沼南体育協会	7名
柏市体育指導員沼南支部	9名
オッティモ（バイクサークル）	11名
手賀バーズ	8名
海上自衛隊下総	5名
手賀沼愛好会	19名
ボーイスカウト我孫子	4名
我孫子トライアスロン協会	10名
デンタルレディース	2名
沼南走友会	5名
隊友会	15名
手賀沼カヌークラブ	17名
柏洋スイマー	5名
柏市医師会	3名
大竹 S.L.S.C	5名
計	125名

また、第四回大会からは、千葉県が六〇歳以上の県民の社会参加と再教育の場として設立した千葉県生涯大学校松戸校ＯＢ・ＯＧらによって結成されたボランティア団体（会員数約三七〇名）から、多くのボランティアが派遣されている。その一方で、大会が開催される手賀沼サイクリングロード沿いの地域からボランティアへの参加はみられない。

こうした旧沼南町の体育関係組織をベースとした運営体制が組まれるようになったのには、二〇〇五年の柏市との合併による沼南町の「消滅」が大きな影響を与えている。沼南町時代には主体的に様々な活動を行うことができた沼南町体育協会やスポーツ団体であるが、吸収合併後は「柏市の下部組織に成り下がってしまった」と、彼らは現在の立場を語る。そんな折に、下総基地トライアスロン部から手賀沼トライアスロン大会を一緒に立ち上げようと声がかかり「一同に集結した」のだという。その際には「何の問題もなかった」と語る。なぜなら、彼らは、手賀沼エコマラソンをはじめとする体育関連のイベントや行政活動を通じて、旧沼南町に所在していた下総自衛隊との「実績」と「繋がり」を十分に備えてきたからである。そのため、旧沼南町の体育関係者にとって手賀沼トライアスロン大会は、吸収合併の翌年に「今は無き沼南町」を舞台に開催された「沼南町の証」として意味ある大会となっている。

2-4　大会スローガン「よみがえれ手賀沼」

ところで、この大会をそばでみていると、少し変わった大会であることに気づく。それは、「汗と涙」や「限界への挑戦」など「鉄人」のイメージが前面に押し出される一般的なトライアスロン大会とは異なり、「よみがえれ手賀沼」という環境問題の解決がスローガンとして初大会から掲げられ続けてきた点であり、それは大会目的にもなっている（資料2）（写真3）。

当然ではあるが、トライアスロン大会の開催が、水質改善や自然再生に直接的に結びつくことが

資料２：手賀沼トライアスロン大会の目的

① みんなでよみがえる手賀沼を全国に発信しよう。
② みんなで手賀沼をもっときれいにしよう。
③ みんなで貴重な水資源を大切にしよう。
④ みんなで手賀沼に水浴場を復活しよう。
⑤ 豊かな水と緑に恵まれた、住みよい、安心な柏市、我孫子市を全国にアピールしよう。
⑥ 手賀沼と手賀沼自然ふれあい緑道を活用しトライアスロン競技を行いスポーツへの関心や参加意欲を高めよう。

写真３　環境問題の解決をスローガンとする手賀沼トライアスロン大会の旗
（撮影：著者）

ないことは明らかである。では一体なぜ、手賀沼トライアスロン大会は環境問題の解決を前面に押し出して開催され続けられているのであろうか。その理由を下総基地トライアスロン部の部員たちが説明するとき、決まって口にするのは、後援団体となっている手賀沼漁業協同組合（以後、手賀沼漁協）の存在である。

部員たちは、千葉県トライアスロン連合として数多くのトライアスロン大会を手掛けるなかで、会場の確保が大会開催の鍵になることを身に染みて知っていた。なぜなら、専用空間で実践される一般的なスポーツとは異なり、トライアスロンに必要な水辺や道路は地域生活の場であるからである。

そこで、彼らは、元沼南町役場職員で市議会選に出馬した経験を持つB氏に、手賀沼トライアスロン大会の実行委員長の就任依頼をする。B氏は行政機関や警察等の公的機関に「顔の広い」人物であり、大会開催に向けて、役場を通じて多くの「関係機関に、手賀沼でトライアスロン大会を開催することに賛成はしなくてもいいから、反対はしないでくれ」と「口をきく」ことができる人物だからである。また、四〇万人を集客する花火大会などと比べれば、手賀沼トライアスロン大会は数ある小さなイベントの一つでしかない。そのため、明文化された基準を満たすだけで、行政機関からサイクリングロードの利用許可を容易に受け続けられている。それとは対照的に、手賀沼の利用許可を実質的に握る手賀沼漁協は明文化された基準を持ち合わせているわけではない。手賀沼トライアスロン大会の開催を目指す打診を受けた手賀沼漁協は、明文化された基準ではなく、「泳いで病人が出てもらっては困る」という理由から反対の立場に回り、一時的に大会の開催は暗礁に乗り上げてしまうことになる。そのため、手賀沼でトライアスロン大会を開催するうえでの最大の課題は、手賀沼漁協との関係構築にあったという。

そこで、彼らは、手賀沼漁協からの同意を得るために、結果的に①「よみがえれ手賀沼」をスローガンに用いること、②大会前後における会場周辺の清掃活動を実行し、現在まで続けている。とはいえ、なぜ手賀沼漁協は、これらを条件に、トライアスロン大会の開催に反対する立場から、一転して、賛同する立場に転換したのであろうか。その理由を探るべく、以下で手賀沼漁協の論理に着目していきたい。

3　手賀沼漁協からみた手賀沼トライアスロン大会

3-1　手賀沼漁協の概要

手賀沼漁協は、手賀沼全域と利根川の一部を管理する内水面漁業協同組合である。この手賀沼漁協の最大の特徴は、その構成員が漁家ではなく農家であるという点にある。戦前や、海洋での漁の無かった戦中は、手賀沼のウナギや川エビは東京で良く売れ、手賀沼周辺の農家の貴重な現金収入源であった。しかし、一九七〇年代からの水質悪化に伴いアユやウナギは姿を消し、一九九三年の冷夏を最後に手賀沼で生業として漁撈を行う者はいなくなった。二〇一〇年一二月現在、遊び程度

表4　手賀沼漁業協同組合の組合員の構成　（漁協資料より著者作成）

地区名	2009		1986		1970	
	組合員数	出資口数	組合員数	出資口数	組合員数	出資口数
手賀地区	73人	20,785口	132人	40,143口	154人	48,515口
布瀬	36人	10,754口	63人	19,030口	66人	20,411口
手賀	10人	2,667口	33人	9,090口	43人	12,268口
片山	27人	7,364口	36人	12,023口	45人	15,836口
他地区	152人	34,660口	309人	68,269口	297人	90,916口
合計	225人	55,445口	441人	108,412口	451人	139,431口

の魚とりも姿を消し、手賀沼の漁業は手賀沼漁協と釣堀業者による養殖漁業のみであり、釣堀業者の一名を除いて漁業を生業としている組合員はいない。このように、現在の組合員の九九・五％が手賀沼周辺で漁撈を副業として営んだ経験をもつ農家の人々となっている。

こうした手賀沼漁協の中心的な存在となり続けてきたのが、手賀沼南岸に暮らす農家の人々である。そのなかでも、室町時代に手賀沼南岸一帯を統治した原氏の居城が築城されるなど、手賀沼南岸の政治的社会的な中心地であり続けてきた大字片山、大字手賀、大字布瀬によって構成される手賀地区は、特に大きな影響力を手賀沼漁協に持ち続けてきた。周囲を大都市に囲まれた農業地帯である人口一五〇〇人程度の柏市手賀地区（二〇〇九年一二月現在：柏市四〇万八四七人、我孫子市一三万六二〇三人に対して、大字布瀬六四一人、大字手賀六八九人、大字片山三五二人）は、二〇〇九年現在も組合員数全体の三二・四％、株数は全体の三七・五％を占め、組合員一人当たりの株保有数でも他地区に比べ高い比率を示し続けている（表4）。また、歴代漁業長は大字片山から代々選出されており、現在の手賀沼漁協事務局と事業所であるフィッシングセンターも手賀地区に立地している。そのため、手賀沼漁協は手賀沼南岸の農家、その中でも手賀地区の人たちの意見がとても強く反映される組織として存立し続けてきた。そのため、手賀沼漁協の論理を把握するには、手賀沼漁協組織に留まらず、その主要な構成員である手賀地区の農家とその経験を組み込んでいく必要がある。そこで以下では、手賀沼漁協とその主要な構成員である手賀南岸の農家の人々の経験とそこで培われた論理が、どのように手賀沼トライアスロン大会の賛同に至ったのかを考えていきたい。

3-2　日本一汚い沼というイメージ

水はお金でキレイにすることができるかもしれないけれど、一度出来上がったイメージはなかなか消えない（手賀地区の古老の語り）。

手賀沼漁協は、一般的な小規模内水面漁協と同様に、組合員は個人で直接企業や商店などに漁獲物を卸すことが慣例となっている。そのため、手賀沼漁協は組合員の漁撈活動から収入を得ることはできない。そこで手賀沼漁協は、放流や遊漁事業などの一般的な内水面漁協の事業内容以外に、事務所と商業施設を兼ねた複合施設「フィッシングセンター」で釣堀、レストラン、バーベキューガーデンなどの利用事業を展開して経営の安定化を図ってきた。しかし、近年の手賀沼漁協の運営は厳しく、バブル期を境に総売り上げは徐々に減少し続け、二〇〇八年はピーク時の約半分にまで

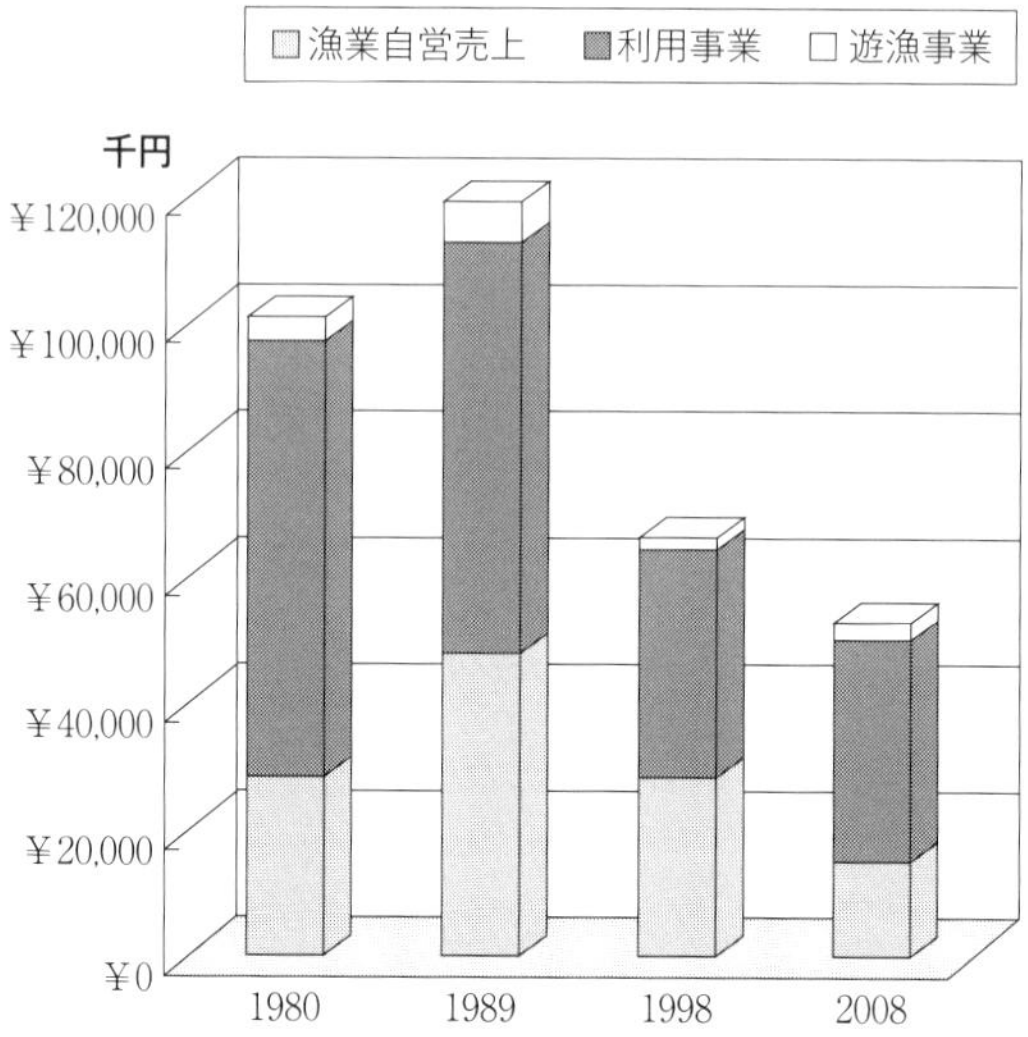

図2　手賀沼漁協の経営実態　（漁協資料より著者作成）

落ち込んでいる（図2）。ここ三五年間の総売上の内訳は、利用事業が全収益の五五％〜七〇％を占め、漁業事業にあたっては二八％〜四〇％程度、遊漁事業売上は三％〜五％となっている。また、手賀沼漁協の主要な収入源となってきたレストラン等の利用事業も、「最近は、昔と違ってこの辺りも大都会だからね。沢山おしゃれな店やら、安くておいしいお店が沢山あるでしょ。なかなか田舎レストランじゃね」と語られるように、ここ一五年間は売上が頭打ちとなっている。これからを考えたとき、これまで漁協経営を支えてきた利用事業に期待できなくなってきたのが現状である。

そのため、現在の経営課題は漁業事業からの売上を伸ばすことにあるという。しかし、養殖魚販売等の漁業事業は、一九八九年のピーク時に比べ七割減となり急激に売上が減少し続けてきた。その理由として漁業関係者が口を揃えて述べるのが、「日本一汚い沼」のイメージである。水質が改善し、水質全国ワースト一位を抜け出した二〇〇〇年以降も、二七年間に固定化されたイメージを拭い去ることは難しく、漁業事業の売上は減少の一途をたどり続け、経営を圧迫する最大の要因となっている（写真４）。

　この課題に悩んでいるときに飛び込んできたのが、手賀沼トライアスロン大会の開催であった。当初、手賀沼漁協は「トライアスロンで水飲んで病人が出たら、ますます魚が売れなくなる」という理由から、手賀沼でのトライアスロン大会の開催に反対した。しかし、下総基地トライアスロン部が実施した水質検査の結果（水浴場水質判定基準Ｃ（可）の認定）を受けて、「トライアスロンで〝よみがえった手賀沼〟をアピールできるかもしれない」と考え直したのだという。

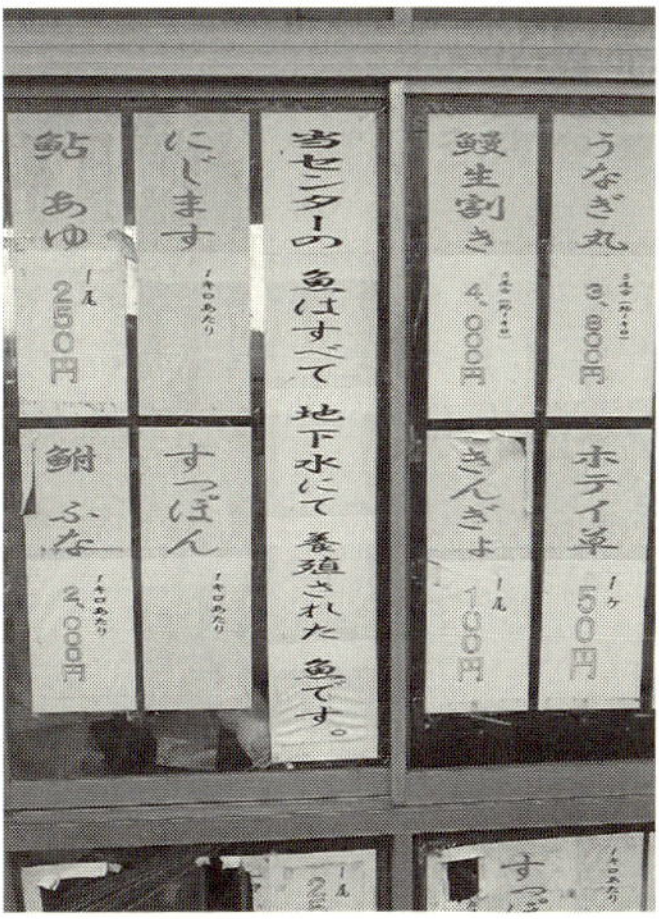

写真４　養殖魚の安全性を強調する張り紙（撮影：筆者）

　こうした手賀沼漁協の経営問題が手賀沼トライアスロンに賛同していく背景の一つであることは間違いない。しかし組合員や組合職員たちは、手賀沼トライアスロン大会に賛同するに至った理由を、組織としての経営問題だけではなく「組合員の生活を守る」ためだったと、当時を振り返る。なぜなら、それこそが手賀沼漁協の仕事であり、存在理由だからだという。では、ここからは組合員の中心である手賀地区の農家の暮らしと手賀沼漁協の関係に目を向けていきたい。

4　農家にとっての手賀沼と手賀沼漁協

4-1　みずたまりと呼ばれる手賀沼

手賀地区の人々と話をしていると、彼らがふとしたときに手賀沼を「みずたまり」と呼ぶことに気づく。この言葉づかいから窺えるのは、彼らが漁民ではなく農民として手賀沼と付き合ってきた経験である。

古老たちが手賀沼について語る際に欠かさない話題は、昭和一三年、一六年の大水害をはじめとする、毎年頻発した水害の話である。少しでも雨が続き、手賀沼の唯一の排水路である利根川の水位が上がると、手賀地区の人々は利根川側の水門を閉めざるを得なくなる。すると、出口を失った水によって手賀沼周辺は水浸しになってしまったという。特に、稲刈りと長雨の時期が重なると、水にもぐりながら稲を刈り取る「みずいねかり」は、「一日中水につかっているでしょ。体が冷えきってしまって。ヒルも沢山、体にくっついて。いやな思い出しかない」と当時を振り返る。

こうした「みずいねかり」が頻繁にみられたのは、手賀地区の人々が、戦前まで「どろこぎ」と呼ばれる作業を通じて堤防の外側にある手賀沼の浅瀬を干拓してきたからである（写真５）。「どろこぎ」とは、浅瀬の沼底に、沖からどろを運んできては重ねる作業を繰り返して水田を作り上げていく作業である。そのため、手賀沼の沼底は「すいめんか」と呼ばれ、一般的な農地と同様に土地として頻繁に売買の対象となり、現在も法的に登記されている場合もあるという。彼らにとって手賀沼とは、いずれは水田にする未干拓の農地であり続けてきたのであり、そうした意味付けの経験が人々に手賀沼を「みずたまり」と呼ばすのである。

写真５　どろこぎ田んぼ（撮影：著者）

　では、このように手賀沼を漁場としてではなく、あくまでも未干拓の農地として意味づけてきた手賀地区の人々が、なぜ、賦課金を払い続け、払い戻せば現金化できる株を持ち続け、手賀沼漁協という漁業生産組織を残しているのであろうか。それに対して、古老たちは「沼がヘンなことをされないように」「漁協じゃないとできないことがあるから」と説明をするのである。戦後の手賀沼において農家の代表として手賀沼漁協が地域事業や政治の舞台に登場した機会は大きく三回あった。最初は一九四五～六六年にかけて農林省直轄事業として実施された手賀沼干拓事業のとき。二度目は一九四〇年代後半から一九五〇年代後半にかけての手賀沼競艇場計画等の一連の観光開発への反対運動のとき。三度目が一九八〇年代の北千葉導水路から手賀沼への放水事業誘致の時期である[8]。

4-2　農家の生活と手賀沼漁協

戦後、食糧増産が国の最重要施策となったことで、手賀沼の干拓は農家の手作り作業（どろこぎ）から国家事業へと移っていくことになる。一九四五年に閣議決定された手賀沼干拓事業は、農林省直轄工事として推し進められ一九七八年に完成した（図3）。具体的には、利根川の水位に左右されることなく手賀沼からの排水路を確保するための「手賀排水機場」（一九五六年完成）の設置と、手賀沼の東部分を干拓する四三五ヘクタールの農地拡大であった。さらに、西に残る水域六五〇ヘクタール（上沼）を貯水池とする揚水機場を六機設け、手賀沼の周辺二四七九ヘクタールの農地を灌漑することであった。手賀地区の人々によれば、当時の手賀排水機場の「完成記念式典のときは、沢山の人が集まってね。ポンプが動き出した瞬間、みんな手をたたいて大喜びしていたのをよく覚えている」という。この事業について開始時点より、手賀沼漁協は「閣議決定だから反対はできない、漁業を捨てて農業に集中するしかない」と手賀沼干拓事業に賛同していく方針であったという。そのうえで、当時の漁協長は東京都内の大学の法学部に通う息子（その後漁協長に就任）を東京から呼び戻し、彼を農家の代表として関係省庁との法的知識を持つ交渉役として事業終了まで責務を全うさせていくことになる。その際に重要となったのが、「漁業権の全面放棄だけ

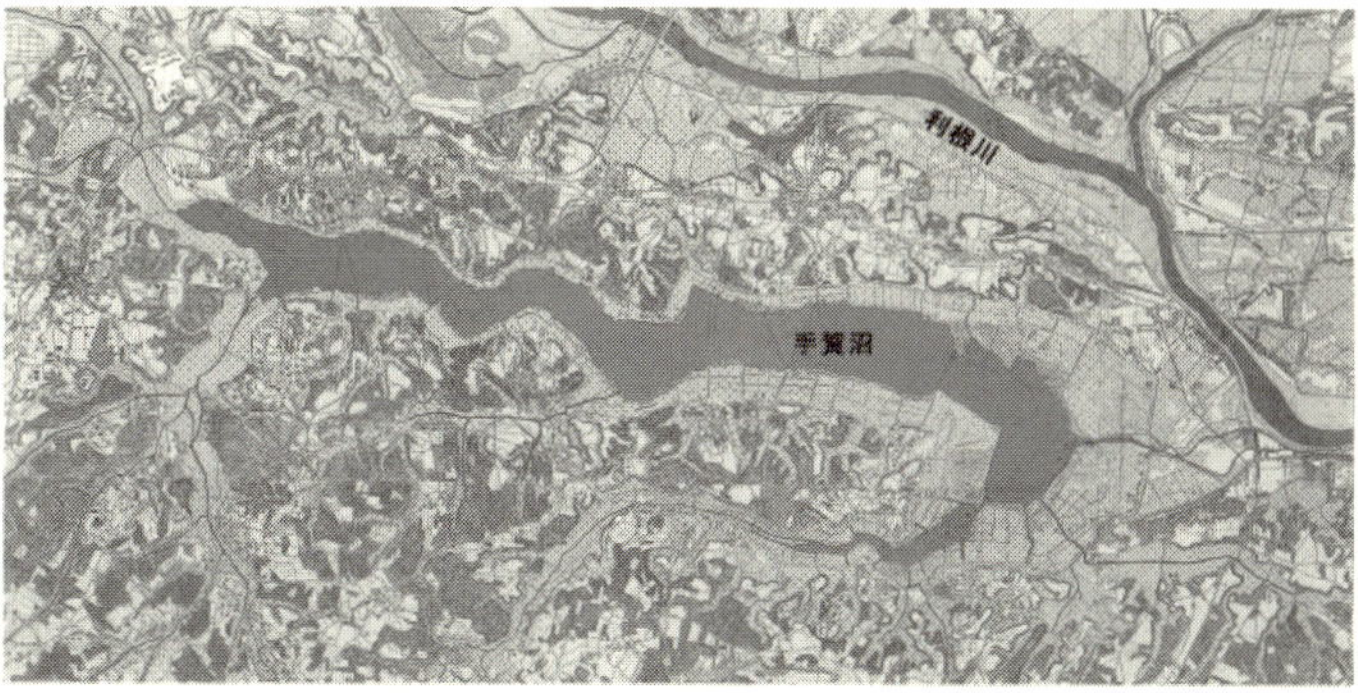

干拓前の手賀沼（1955年頃）

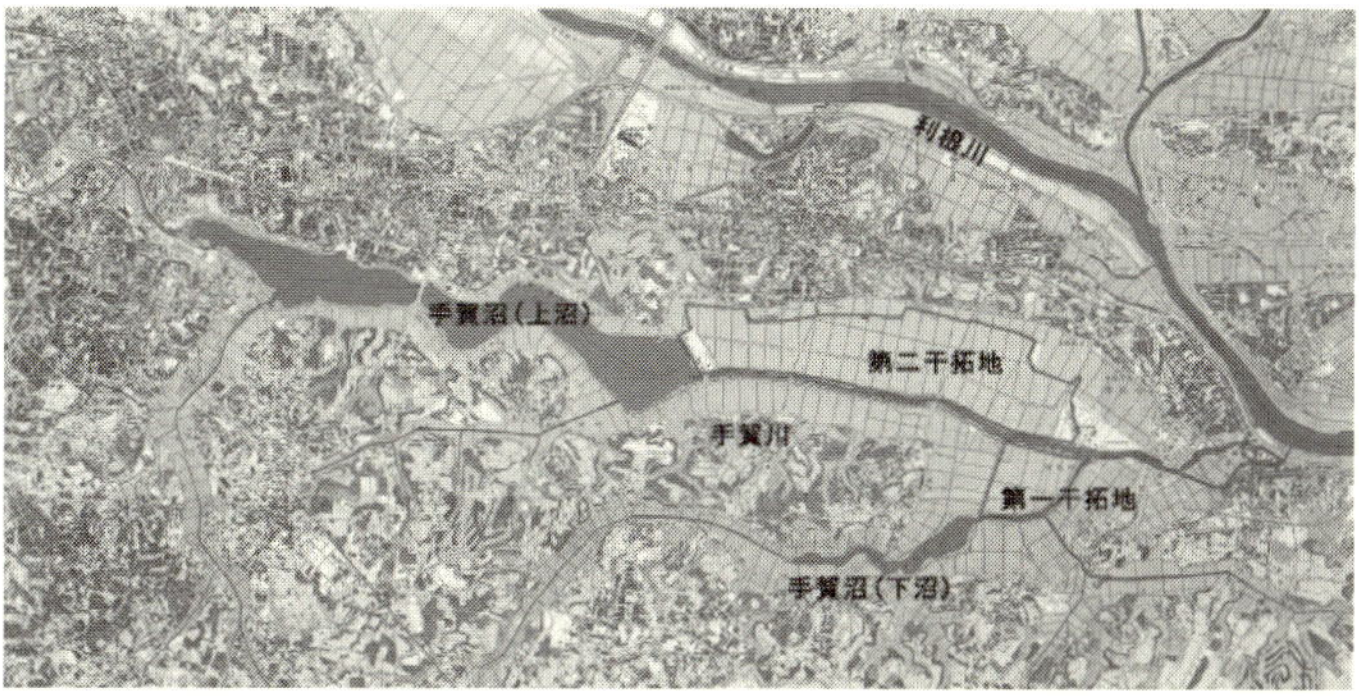

干拓後の手賀沼（1998年頃）

図３　手賀沼の干拓の歴史（出典：行政資料を元に著者加工）

は避けて、将来にわたって組合員の生活を守ること」であったと、当時、交渉役を担った元漁協長は手賀沼干拓事業を振り返る。

次に、手賀沼漁協が農家の代表として登場してくるのが、一九五一年の我孫子町行政が企画したモーターボートレース場を中心とした手賀沼湖畔の観光開発計画に対する反対運動である。この反対運動は、反対する手賀沼南部の手賀地区と賛成する手賀沼北部の我孫子地区という内部分裂を産み出し、一九五五年に手賀沼漁協から推進派（我孫子地区）の八名が離脱し手賀上沼漁協（現在の我孫子手賀沼漁協）の設立に繋がっていく。やはりそこでも分裂の焦点は干拓事業の時と同じであり、漁業権を全面放棄し手賀沼漁協を解体するか、農家の生活保障の組織として存続させるかであったという。しかし、結果的に観光開発計画は一九五六年に計画中止となる。

一九七八年に完成した手賀沼干拓事業によって、手賀地区の農業灌漑用水は、水争いの原因であった湧き水から農家の念願であった手賀沼からの動力導水となった。しかし皮肉にも、動力導水によって手賀沼から引かれた富栄養化した水が、収量と食味の低下や病気の原因となる稲作の「倒伏（稲が倒れて穂が地表面に着くこと）」の被害を与えはじめる。星野七郎（1986）によれば一九七九年の倒伏率は七〇％を超え、手賀地区の人々にとって手賀沼の富栄養化の解決が農家の台所事情に直結する生活課題となる。そこで手賀沼漁協は、北千葉導水路（一九七四年着工、二〇〇〇年完成）から手賀沼への放水事業の実現に向けて、「漁業のために水質浄化を」という名目で国土交通省に再三の働きかけを開始することになる。ところが、利根川の水を大量に手賀沼に流すことは手賀沼

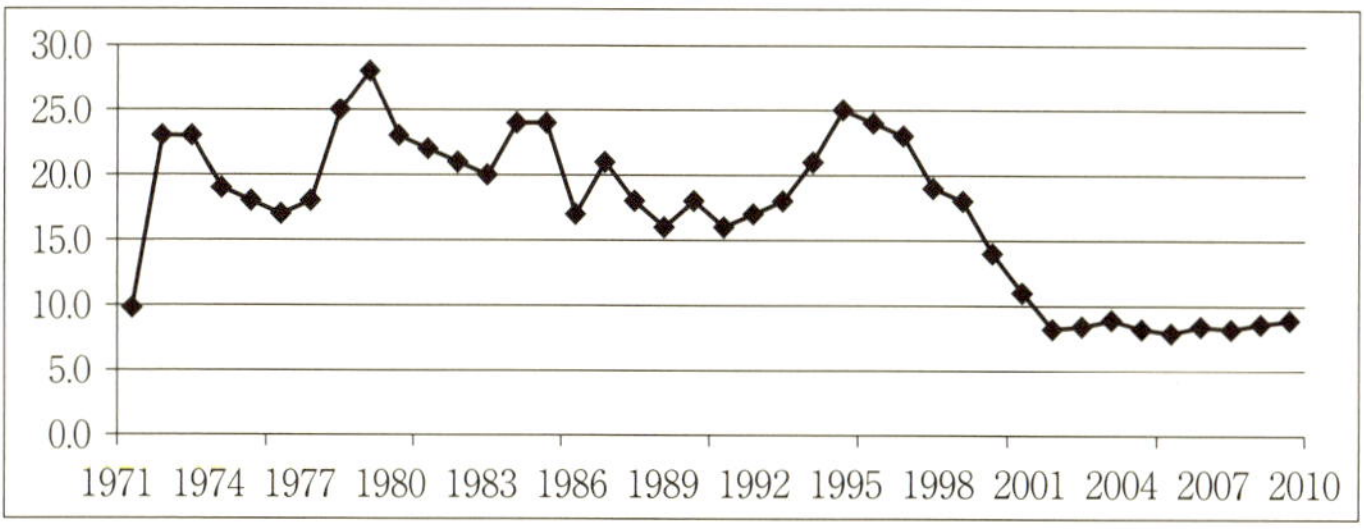

図４　手賀沼中央の COD 値（年平均値）　最大：昭和54年度（28mg/L）
（出典：千葉県統計資料より著者作成）

全体の流れを急流とし、また水温を下げることを意味する。そのため放水事業の実現は、手賀沼の生態系に壊滅的なダメージを与え漁業の壊滅に繋がることは容易に想定できたという。しかし、手賀沼漁協は北千葉導水事業に手賀沼への放水を組み込むように積極的に働きかけを行い続け、農家の生活保障の窓口として働き続けたのである。結果的に、二〇〇〇年からの北千葉導水事業による放水によって水質は改善し、手賀沼の生態系は激変することになった（図４）。ちなみに、北千葉道水路の放水道が通る堤防の上に二〇〇六年三月にサイクリングロードが整備され、それを活用した手賀沼トラアスロン大会が二〇〇六年八月に開催されている。

　手賀沼は、東京近郊の湖沼という地理的条件から大規模干拓や観光開発などの大型開発事業に翻弄され続けてきた。そうした外部からの開発を農家の生活保障を軸に取捨選択する窓口や受け皿となってきたのが手賀沼漁協であったといえよう。そうであるがゆえに、「漁業権の全面放棄」を選択することなく、農家としての生活を末永く安定させるために、手賀沼漁協という組織は存続し続けてきたのである。すなわち、手賀沼漁協とは、農家の生活を保障するための地域空間として手賀沼を意味づけ、その利用主体としての正統性を担保するための組織としてあり続けているのである。そしてその役割は、漁業権を保有する漁協にしかできない役割なのである。だからこそ、組合員の農家は現在でも賦課金を払い続け、払い戻せば現金化できる株を持ち続けることで、現在は漁業生産組織としては価値のない手賀沼漁協を存続させているのである。ここで大切なことは、組合員たちは、補償金等を期待する利権団体として手賀沼漁協を存続させているのではないという点である。なぜなら、手賀沼周辺の大型開発は北千葉導水事業で終了しており、組合員に対する補償金分配は一九八〇年代前半が最後となっているからである。

4-3　日本一汚い沼とまなざされること

手賀沼の水質汚濁は、一九八〇年の「合成洗剤追放直接請求運動」に代表される新住民の多い「沼向こう」[9]で盛んとなった。環境保全活動は、一九九五年には手賀沼周辺で活動する環境保全団体を統括する「美しい手賀沼を愛する市民の連合会」を設立するまでに盛んになっていった。皮肉にも、こうした「沼向こう」を中心とした手賀沼周辺での環境改善活動の活発化が、手賀地区を含む手賀沼南岸で農業を営む農家に対する風評被害の始まりでもあった。

千葉県環境生活部水質保全課（2006）によれば、二〇〇三年度における手賀沼の水質汚濁の原因は、COD値への影響からみて、生活雑排水による生活系が二三・五%、工場などからでる産業系

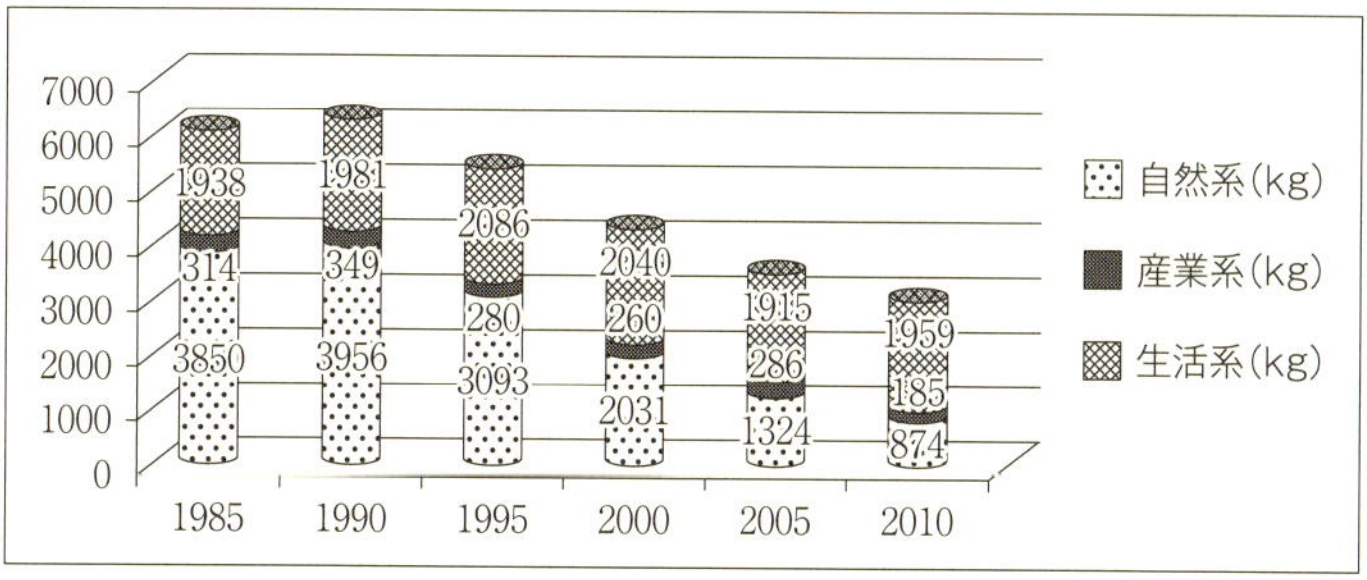

図５　手賀沼への排出汚濁負荷量（COD/ 日）

（出典：千葉県統計資料より著者作成）

が六・四％、市街地や田畑、林地からでる自然系が六〇・一％である（図５）。つまり、手賀沼の水質悪化は「汚染ではなく汚濁」なのであって、家庭からでる生活排水によって富栄養化が進行した典型例である。しかし、「他所からすれば生活雑排水なのか重金属汚染水なのかは関係ない、どんな種類の水質悪化でも結局はCODっていう数字で一括りにされて、結局は〝日本一汚い沼〟＝〝危険な水〟」というイメージができ上がっていった。

　この「日本一汚い沼」のイメージは、手賀地区を含む手賀沼南岸の農家に風評被害を与えていくことになる。その被害をより深刻なものにさせた要因のうち、ひとつが行商による販路の存在であり、もうひとつは水田が水質浄化装置として再評価された報道であった。

　手賀沼周辺は、その地理的条件から江戸や東京との関係のなかで発達してきた地域である。特に、一八九六（明治二九）年の常磐線と一九〇一（明治三四）年の成田線の開通後は、よりその結びつきを強めていった。農家の主婦たちは行商組合を組織し東京への行商をはじめた。戦後間近の最盛期には、早朝の行商専用車両に揺られ東京へ卵、魚、野菜、米を搬出する農家の主婦たちが毎朝三〇〇〇人以上に及んだ。手賀地区はこうした行商集団の中核を担ってきた地域である。そうした長年の行商の経験のなかで培われてきた個人的な販路によって生計を立ててきた手賀地区の農家にとって、「日本一汚い沼」のイメージは大きな打撃であった。新聞やテレビで、手賀沼の水質に関連する報道が盛んになった九〇年代以降、行商時代からのお客さんから「お宅は大丈夫なのか」と、農産物の安全に関する問い合わせがくるようになり、徐々に注文が減ってくるようになったという。

前述したように、一九七八年に完成した手賀沼干拓事業以後、手賀地区を含む手賀沼南岸の農業灌漑用水は湧き水から手賀沼の水をポンプによって汲み上げる動力導水に移行していた。わずかな湧き水を奪いあってきた経験を持つ手賀地区の人々にとって、動力灌漑は長年の悲願であった。しかし、その悲願が「裏目にでる」結果となってしまったのであった。

こうした状況が続くなか、追い討ちをかけるように、手賀沼周辺の水田が「天然の浄化装置」としてテレビで報道される事件が起きた。ある全国版ニュース番組において、手賀沼周辺の水田や不耕起水田を用いた水質浄化の可能性を探る環境技術・研究[10]が紹介されたのである。それは、手賀沼周辺の動力灌漑システムを環境科学の視点から再評価するものであった。具体的には、「日本一汚い沼」の水が水田を通って浄化されて沼に戻っていく映像を紹介するものであった。この報道後、多くのお客さんから「お宅の米はどうなのか」と問い合わせが殺到したという。こうした水田の環

写真６　手賀沼南岸の不法投棄（撮影：著者）

境保全機能を再評価する報道が皮肉にも「日本一汚い沼」と農産物の安全性への不安と風評被害を強化させたのである。

ところが彼らは、風評被害に苦しめられてきたにもかかわらず「いつかは過ぎ去る問題」であると語る。それよりも辛いのは「日本一汚い沼」という外部からのまなざしを毎日の生活のなかで意識せざるを得ないときだという。なぜなら、二七年間の間に固定化された「日本一汚い沼」というイメージは、彼らの日常のなかで様々なかたちで具体的に経験されるからである。

たとえば、手賀地区は不法投棄されるゴミに悩まされ続けてきた（写真６）。現在は、手賀沼南岸全域が「不法投棄監視重点地区」に指定されている。この不法投棄を語る彼らがなによりも強調するのが、そのゴミの「質」の問題である。なぜなら、ここに捨てられるのは「普通のゴミ」だからだという。簡易旅館の使用済みのゴミや家庭ゴミといった行政によって収集さ

写真７　手賀沼南岸の産業廃棄物処分場（撮影：著者）

れるべき普通ゴミが、手賀沼南岸の畔に「通勤途中の車の窓からポイと、あたりまえのように捨てられる」のだという。こうした不法投棄という社会現象は、モラルやマナーの問題として語ることもできるかもしれない。しかし、彼らは「ここが日本一汚い沼のある汚い場所だと思われているから」だと、この経験を説明するのである。

その他にも、「日本一汚い沼」という外部からのまなざしは、手賀地区を含む手賀沼南岸に暮らす人々を長年苦しめてきた。手賀地区を含めた手賀沼の南岸には、産業廃棄物処理場などが数多く点在している（写真７）（口絵３）。これらの土地は自分たちが望んで売却したのではなく、遺産相続など何らかの理由で手放さざるを得なかった土地が、そのほとんどであったのだという。しかし、転売された結果が宅地や商業地ではなく処分場であった事実は、彼らに「日本一汚い沼」という外部からのまなざしを、日常的に可視化させていく。

　手賀沼漁協は、こうした「組合員達の苦労を分かっている」からこそ、「組合員の生活を守る組織」として、公然と大勢が一斉に手賀沼を泳ぐトライアスロン大会を開催することで「日本一汚い沼」というイメージの刷新を期待したのである。期待の半面として、当初は「泳いで病人が出てもらっては困る」と、日本一汚い沼のイメージの強化を避ける理由で反対したのであった。また、手賀沼の使用許可の見返りとして、大会の前後での会場周辺の清掃活動と、「よみがえれ手賀沼」をスローガンや目的として用いることを、わざわざ要請したのであった。

5　イメージを刷新するためのトライアスロン大会

　本章は、いったいなぜトライアスロン大会が、環境問題の解決を標榜する大会として手賀沼で開催され続けているのであろうかという問いを、地域生活の経験のなかで理解してきた。

　手賀沼トライアスロン大会は、下総基地トライアスロン部の活動と旧沼南町体育協会を中心としたボランティア活動という「実働的な担い手」によって組織化され実行されている。その一方で、「開催認可」は、公然と手賀沼を泳ぐという象徴的行為によって、「日本一汚い沼」というイメージを刷新するためのイベントとして地域社会に存立してきた（図２）。この「開催認可」において重要な点は、手賀沼漁協が、手賀沼の漁業価値としての低下を理由に手賀沼トライアスロンに賛同し

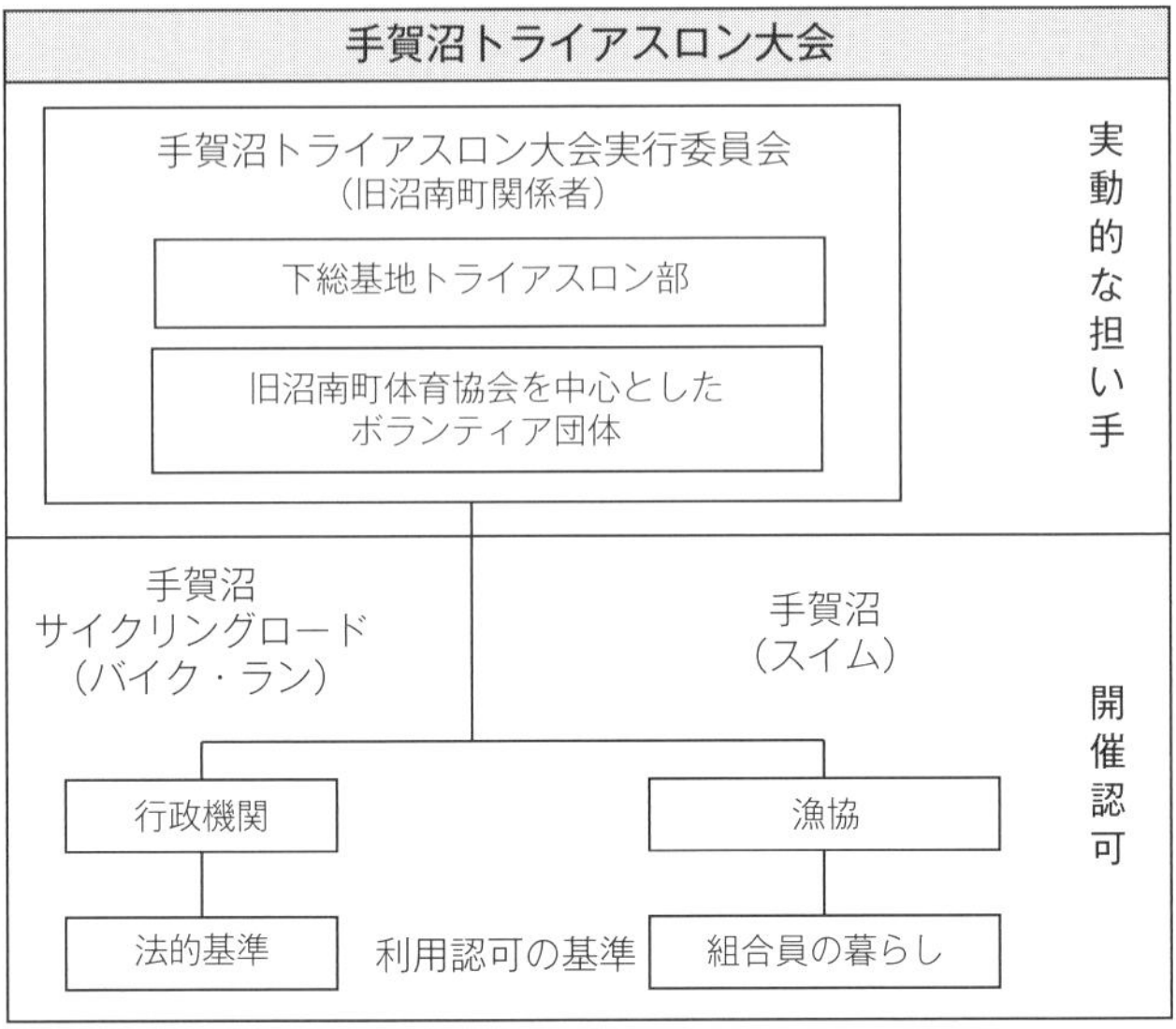

図2　手賀沼トラアスロン大会をめぐる関係

たのではない点である。なぜなら、当初は大会の開催に反対していた事実からすれば、手賀沼漁協は大会の開催を断ることはたやすく可能であったからである。そうではなく、「日本一汚い沼」というイメージを刷新することこそが、組合員である手賀沼南岸（コース沿い）に暮らす農家の生活課題として手賀沼漁協が認識していたものであったからである。だからこそ、「よみがえれ手賀沼」をスローガンとし、大会前後に手賀沼南岸の大規模な清掃活動を行うといった条件付きのトライアスロン大会として開催され続けているのである。

最後に但し書きを付け加えるならば、本書はスポーツツーリズムと地域社会の関係を捉える際に「波及効果」という視点が意味をなさないと述べているのではない。なぜなら、本稿が事例から描き出した、地域住民が負のイメージを刷新するためにトライアスロン大会を用いるという見方は、広義の「波及効果」に他ならないからである。そうではなく本稿が述べたいことは、スポーツツーリズムをめぐる「波及効果」は、本来的に所与する存在ではなく、固有な歴史のなかで醸成された地域生活との関係のなかで生成されていると考えることも必要なのではないだろうかという疑問である。もしそのような考察を含めないとすると、スポーツツーリズムは人々の創造的営為と関係なく、数量的に小規模というだけで、無意味なものとして扱うしかなくなってしまうのではないかと思うのである。[11]

第 4 章

持続的スポーツツーリズムと地域生活の対立と共在

――漁民とサーファーの生活基準の関係

本章では、千葉県鴨川市（以後、地元の呼び名に倣い鴨川と表記）における漁民とサーファーの対立と共在の事例を取り上げる[1]（地図1）。鴨川では、一九九〇年代後半からサーフィンを目的に都会から移住してくるサーファー（以後、移住サーファー）を船員として漁船に受け入れはじめ、現在では漁船に移住サーファーが船員として乗船していることは当たり前の光景となっている。この移住サーファーが漁師に転身していくというストーリー[2]は、持続的スポーツツーリズムと地域生活が共生する好事例として行政やメディアに取り上げられることも少なくない（田中 2005）。

しかし実際のところ、鴨川では、一九八〇年代後半〜一九九〇年代にかけて、日本近代サーフィン発祥の地ひとつである「赤提《あかてい》」と呼ばれるサーフポイントを破壊する港の拡張工事をめぐって、漁民とサーファーの間に衝突が生じた。両者が候補者を擁立する鴨川市長選挙にまで発展したこの衝突は、通称「赤提問題」と呼ばれる一連の事件として地元や日本サーフィン界では一定の知名度を持つ出来事である。近年では、鴨川の海岸利用をめぐる両者の相互理解を目的とした「鴨川沿岸海岸づくり会議」が設立されたが、過去の記憶を再生産させ、逆に両者の溝を深めているのが現実である。つまり現在まで、鴨川では「この海は漁業、サーフィンどちらのものなのか」という点をめぐって、両者は軋轢関係で在り続けている。この軋轢と共存の両立という一見矛盾する関係はどのような論理のうえに成立しているのであろうか（表1：章末に添付）。

1　理念的には不完全であろうとも現実的な合意のありようへ

本章では、特定の地域空間の利用をめぐって、異なった立場や利害をもつ諸関係者が合意を導き出すための条件を議論してきた合意形成論に学びたい。この議論は、主に環境社会学の領域で展開されてきた議論ではあるが、特定の地域空間が「貴重な自然」や「スポーツ空間」といった外部から新たな意味を付与される点で、本書の課題と同じ位相にあるといえよう。

同じ地域空間を利用する関係者間で、「何を問題とするのか」「いかに解決すべきか」という「状況の定義」に存在する大きなギャップを明示したのは脇田健一（1995）だった。たとえば脇田は、琵琶湖の富栄養化を、周辺住民は健康問題（飲み水）として問題視するが、行政は周辺住民の生活スタイルを汚染源として問題視すると述べている。

この「状況定義」の内実をさらに深化させたのが、菅豊（2006）と武中桂（2008）である。菅は多種多様な野鳥が飛来する石川県の片野鴨池の利用の方向性（農業用水やカモ猟の場、観光資源、水鳥の生育地など）をめぐって「地元の論理」が歴史的正当性を帯びていくことで、「外部の価値」とのギャップが相容れないものとなっていくありようを実証する。そして一見、「問題解決」や「合意形成」とみえる現状があったとしても、最終的には相容れないことを前提とした「納得」でしかなく、あくまでとりあえず落ち着いた状況として捉えるという時間軸の長い視点が、共的資源管理の達成には重要になるという。一方で武中は、蕪栗沼《かぶくりぬま》周辺の水田をめぐって、ラムサール条約への登録に向けた野鳥の一極集中をさける「ふゆみずたんぼ」と認識する行政と、ブランド米を産み出す「ふゆみずたんぼ」として認識する地域住民を例にとりながら、自然を捉える「環境認識」が、各関係者の論理を大きく規定している事実を示している。そして、相容れない環境認識の差異が内包されたままであっても、それぞれの立場や目的を維持しながら環境に働きかけることが、結果として現実的な自然環境保全に実行力を発揮すると述べている。

両者に共通するのは、土屋雄一郎（2008）のいう「透明でつめたい合意形成」ではなく「不透明であたたかい合意形成」という、理念的には不完全であろうとも現実的な合意のありようを積極的に評価する姿勢である。本稿はこれらに学びつつも、地域空間の利用をめぐる合意／対立という点のみから諸関係者間の関係や論理まで全てを一括りにして把握し、説明しようとするには、限界があるように思う。そこで本稿は上述した合意形成論に学びながら、理念的には不完全であろうとも現実的な合意の具体的なありように接近を試みていく。その上で、地域空間の利用をめぐる営みに限定することなく、漁民とサーファーの関係を包括的に描き出していく。

2 漁民にとっての海、サーファーにとっての海

2-1 事例地の概要

鴨川は、千葉県房総半島南東部の太平洋に位置する世帯数一万五三五八戸、人口三万六〇六七人（二〇一二年三月現在）の行政区である（図1）[3]。鴨川は、特急列車で東京駅まで約二時間、一九九七年の東京湾アクアラインの開通後は自家用車で品川まで約一時間三〇分の距離にある（地図1）。鴨川沖合には大陸棚が続き、四季を通じて黒潮が北上してくるため、沿岸漁業に適した海域が広がっている。二〇一三年八月現在、二そう巻網船団が計三船団（一船団あたり船員約四〇名）と、定置網船団が計一船団（一船団あたり船員約三〇名）を中心とした鴨川の漁業は県下有数の沿岸漁業（平成二〇年の総水揚量は約一万トン、総水揚げ金額は約二三億円）であり、鴨川の重要な基幹産業となっている。こうした分業的協同漁撈[4]を中核とした沿岸漁業は、一九九〇年代まで外房地方の漁業を特徴付ける漁法であったが、全国的なイワシの不漁の煽りを受け、現在は鴨川を残すのみとなってしまった[5]。二〇一〇年一二月現在、鴨川市漁業協同組合（以後、鴨川漁協）には一三五四名が登録されている。連日早朝の鴨川漁港には仲間を叱咤激励する怒鳴り声が鳴り響き、夜の酒場には豪快に酒を呷る漁師たちの姿が年中ある。

一年を通して温暖な気候に恵まれる鴨川は、戦前から東京近郊の海水浴場や観光地としても発達

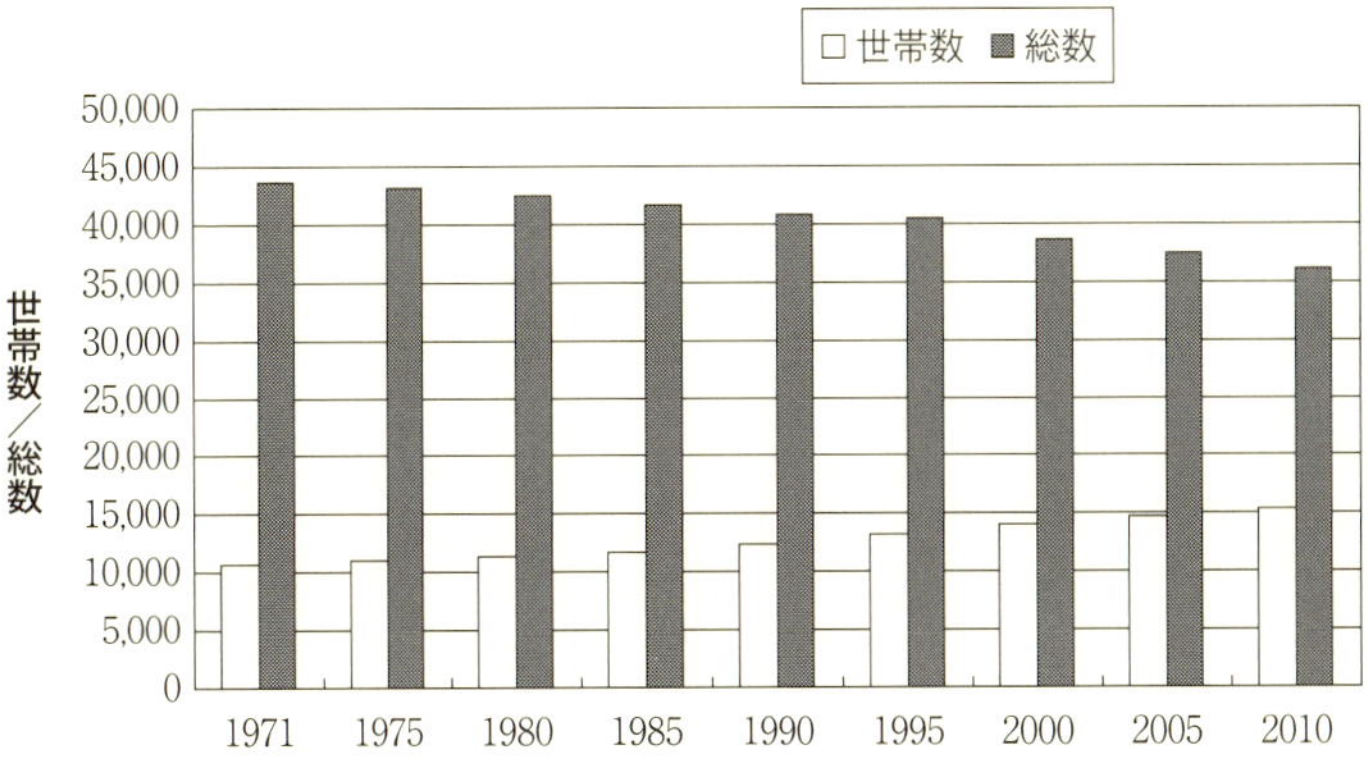

図１　鴨川の人口総数と世帯数の変遷（出典：鴨川市役所資料より著者作成）

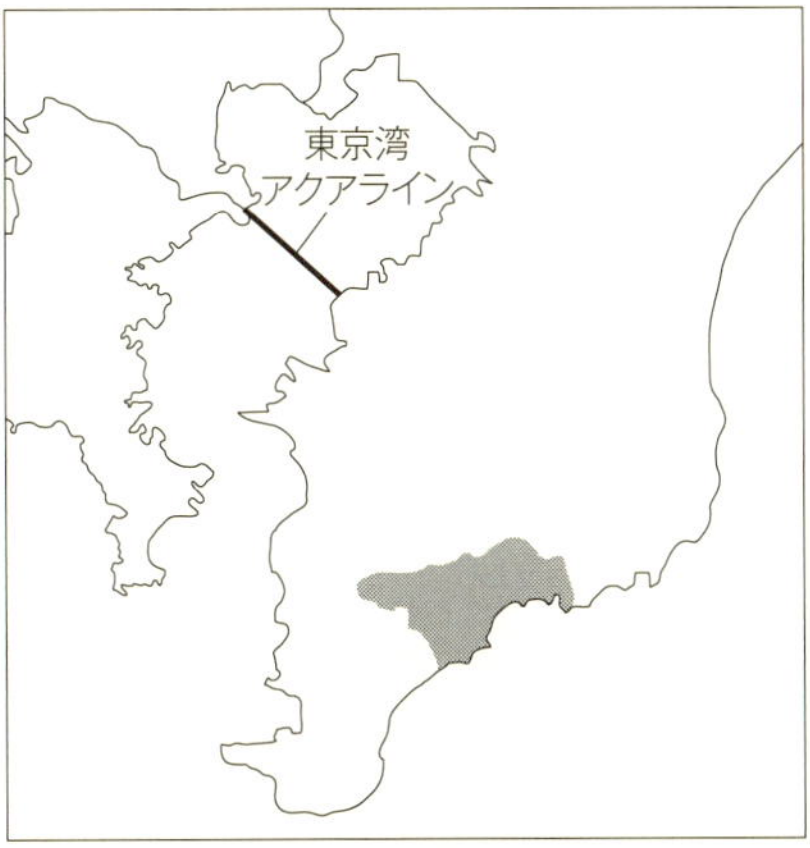

地図１　千葉県鴨川市

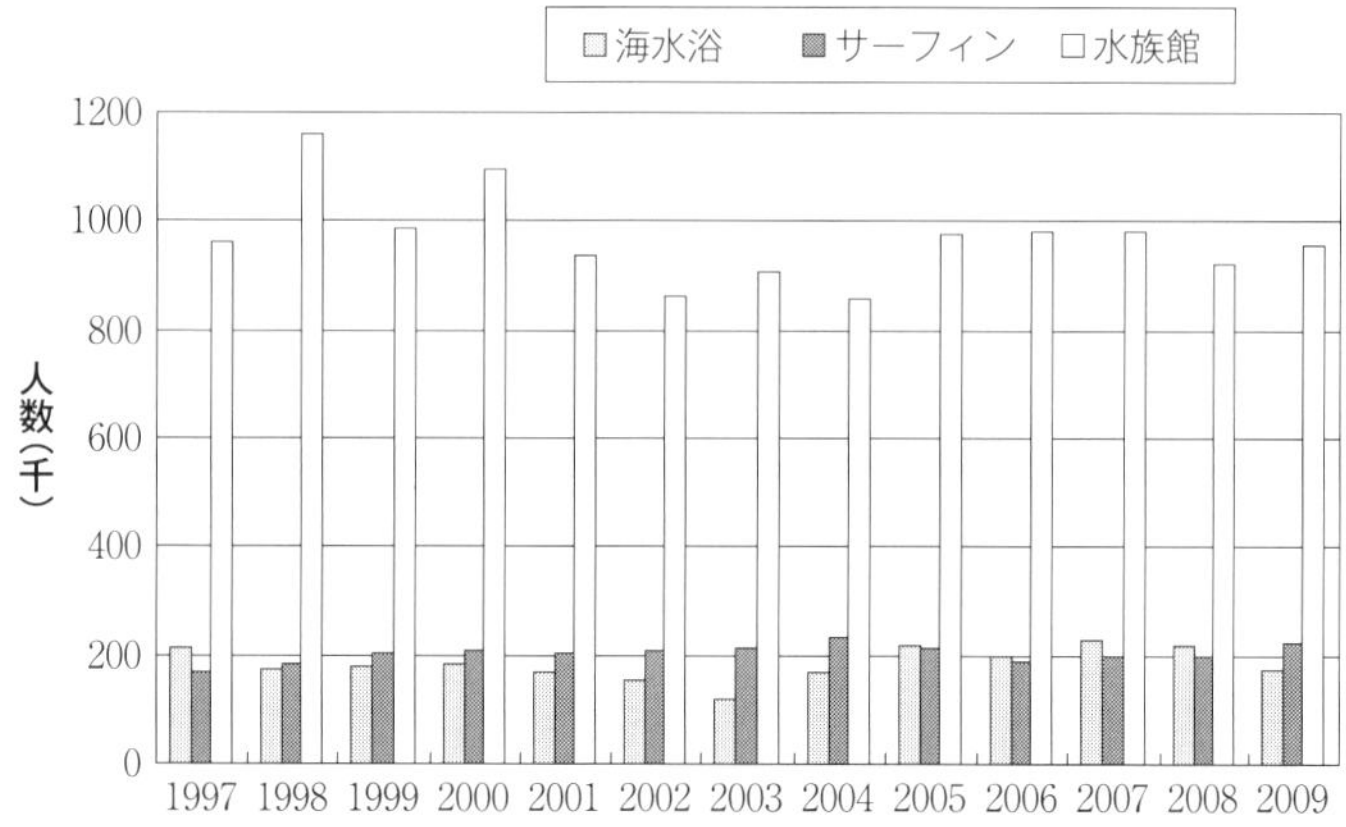

図2　鴨川の観光客数の変遷（出典：鴨川市役所資料より著者作成）

し、とりわけ一九七〇年に開業し毎年約九〇万人を集客する鴨川シーワールドを中核とした観光業は、現在の鴨川の基幹産業の一つとなっている[6]。また、鴨川は神奈川県の湘南とならび日本近代サーフィンの発祥の地としても有名であり、曜日や季節を問わず、年間約二〇万人程度のサーファーが首都圏から押し寄せてくる（図2）。一九四八年に鴨川に発足した亀田総合病院は、一九八五年に救急救命センターとして指定を受けるなど千葉県南部における中枢医療機関であり、三〇〇名を超える医者を雇用している規模であることから、医療も近年では鴨川の重要な基幹産業となっている。「温暖なリゾート地」の総合病院として、全国や海外からのヘルスツーリズムの拠点としても注目されつつある。

　漁業・観光・医療といった基幹産業を土台に、「医療の充実」、「職場の供給」、「温暖な気候」、「東京近郊」という条件が揃った鴨川には、田舎暮らし

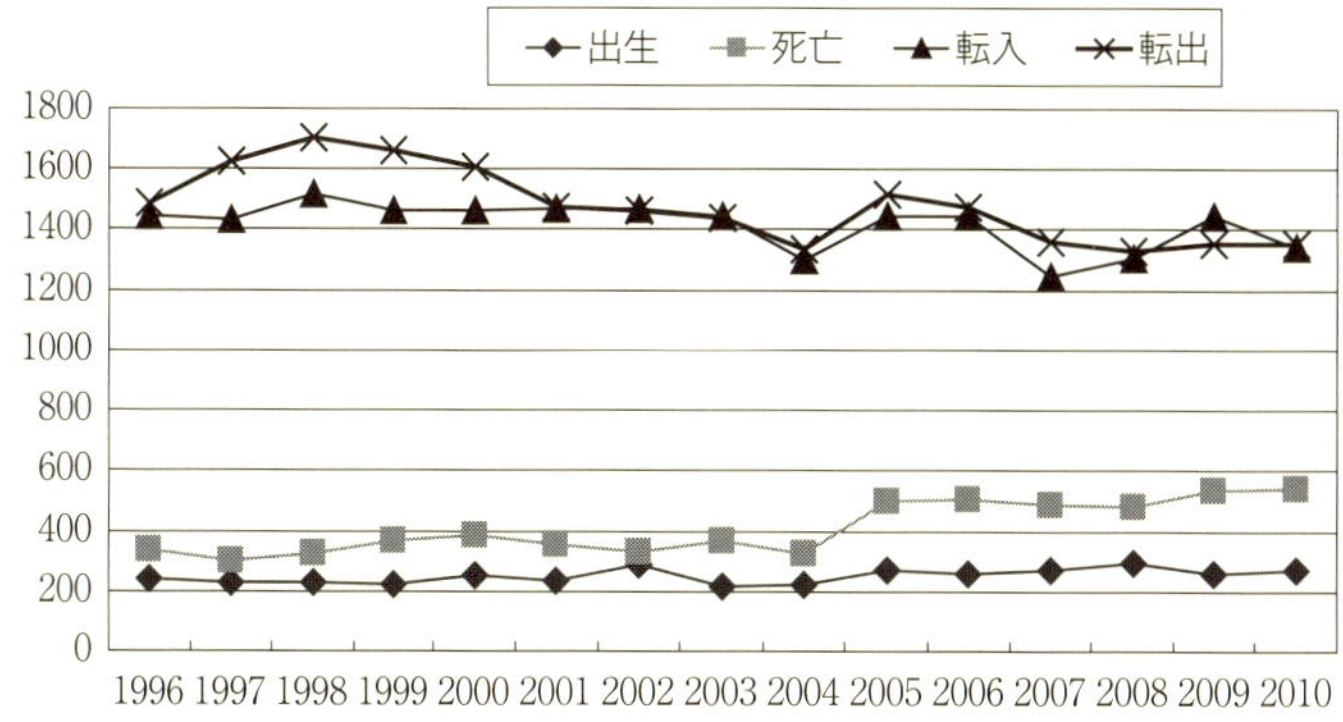

図３　鴨川の人口動態の変遷（出典：鴨川市役所資料より著者作成）

やサーフィンを目的とした移住者が多い。総人口に比べて流入人口の割合が大きいが、転出も同じくらいに大きいのが、鴨川の人口動態の特徴である（図3）。

2-2　大浦

外房の漁村は、近世初期から黒潮の流れに乗ってやってくる関西漁民による旅漁と定住化によって発達してきた。鴨川の漁村は、中心街から加茂川を挟んだ対岸に位置する貝渚、磯村の二つの行政区を指し、人々はここを行政区にはない「大浦（おおうら）」という名で呼ぶ。街場の若い女性は「悪い男にダマされるから、川向う（街場からみた大浦の呼び名）に絶対行くんじゃないよ」と冗談交じりに聞かされ育つと言われるほど、鴨川のなかでも漁村独特の雰囲気が大浦にはある。

大浦は、行政区としては貝渚と磯村で構成されている。しかし、区会は大浦単位で運営されていることからも明らかなように、実質的な自治単位として大浦は機能してきた。

大浦には、区会の他に戦中からの隣組（区会費徴収、冠婚葬祭の手伝い、回覧板回し）、消防団（陸働きの男性のみで構成、漁師は参加しない風習）が家単位の地域住民組織として現存している。一方で、水交団（大浦の祭り神輿を担ぐ講）、三宝講（水揚げの補助作業をする水揚げ婦が信仰する三宝様の講）、大黒講、天神講などの信仰講が多く存在している。また、大浦には青年団が組織化された歴史はなく、定置網組合を鴨川漁協の自営とした一九五八年以降、大浦の区会や氏子が担ってきた宮管理・港湾清掃などの機能は定置網組合に移行させてきた。こうした大浦の地域生活の歴史を踏まえ、本章では、鴨川における漁業とサーフィンの関係や大浦の社会構造や論理を描き出す際に定置網漁に着目していきたい。なぜなら、慣習的に「日本の地先漁場は漁浦の協同占有（総有）であるから、原則としてそこには〝平等用益〟の形が貫徹されなければならない」（竹内 1991: 13）からである。そのため、地先漁場で漁撈活動を行う定置網漁は、他の漁法に比べて、漁村の社会構造や地域規範が色濃く投影されて組織化される場合が多い[7]。

大浦の場合、定置網漁は鴨川漁協が自営する運営形態をとっている。そのため、個人経営である二そう巻網漁の水揚げ手数料が売上高の四％であるのに対し、定置網漁（地元では「テイチ」と呼ばれるため、以後テイチ。ただし、年配者は「大敷《オオシキ》」と呼ぶ場合が多い）は一〇％となっている。また、テイチの売上が五億円（税抜）を超えると組合員（大浦の人々）へ配当が支払われる仕組みとなっている。ただし、配当の内容が配当金か株増資となるのか、その比率はその年の鴨川漁協の経営状況によって異なる。過去数回、テイチの配当を使った任意参加の組合員旅行も実施されており、そ

写真１　水揚げ婦が寄贈したテイチの大漁旗（撮影：著者）

の話題は大浦の昔を語る際に欠かせないものとなっている。そのため、この額がテイチ船員らの目標額となっている。また、テイチの水揚げの補助作業は、現在ではテイチ船員の他にＯＢと鴨川漁協の正規職員によって担われているが、テイチの定年制を定めた二〇〇三年以前までは、「水揚げ婦」と呼ばれる大浦の漁家の主婦らが担ってきた。そのため、現在も、テイチの大漁旗のひとつは、大浦の水揚げ婦によって寄贈されたものが使用されている（写真１）。これらが物語るように、テイチは大浦とそこに暮らす漁民の共有財であるとされ、テイチを預かる船頭は、かつては「大船頭（オッケドン）」と呼ばれ、他の船頭と異なった扱いを受けてきた。

２‐３　波との闘い

上述したように、大浦には貝渚、磯村と呼ばれる二つの行政区が存在するが、その空間的区分は入り交じっており、そこに暮らす人でもどこが境界線であるのか明確に把握は

写真2　崖の上にある大浦（撮影：村田悠）

できていない。『旧鴨川町誌』によれば「昔、磯村は戸数も七〇〇軒を数える当地方有数の漁村であったが、年々波の侵食によって欠け崩れ、住民は安心して生活することができなかった。それでも、享保年間（一七一六-三五）までは、三六〇軒の家があったが、土地が欠け崩れ流出するので、だんだん隣村の貝渚に移住する者が増え、明治の中頃には、七〇軒になってしまった」と記されている。古老たちによれば、戦前に波に侵食され海に落ちた家々は、以前の住所を持ったまま崖の上に住まいを移したため、現在のような貝渚と磯村の住所が入り交じった状況が生み出されたのだという（写真2）。さらに、この強い波浪は大浦に多くの水害の被害をもたらし続けてきた。たとえば一九四九年一〇月一八日に起きた、大浦と街場を結ぶ通称「おんぼろ橋」と呼ばれる新加茂川橋の大破は記憶に新しい[8]。一九八〇年代初頭の鉄筋コンクリート化まで、大雨で増水した川の流れと海から遡って来る強い波浪によって、橋は「プカプカ」浮いてしまい、大浦が「離れ小島」になってしまうことがしばしばであったという。このように、大浦は中世から強い波浪に苦しめられてきた漁村であったことが伺える。

戦後直後まで大浦の海岸は「野ざらし」の状態が続いたが、一九六三年に小口防波堤（一九五一年着工）と大口防波堤（一九五二年着工）の完成（地図2）、一九六七年三月三一日に漁港泊地および漁港の移転（地図2：①→②へ）、一九九〇年代の「鴨川マリーナ開発事業」と、これまで積極的に港湾整備を進めてきた。しかし現在でも、台風などのシケに漁港に侵入してくる越波に苦しめられつづけられており、大浦は波浪対策としての港湾整備に強い関心を示してきた漁村であるといえよう。

大浦でテイチが開始されたのは大正五年である。その際は、県から認可される定置漁業権を持つ大浦の二名が、大浦外に住む地元実業家に貸し付けるかたちで経営が開始されたという。戦後まもなくの一九四九（昭和二四）年、大浦の資産家（屋号：蕎麦屋）らが資本を出しあい有限会社を設立し、テイチの権利を大浦に買い戻すが、設立二年目の一九五一（昭和二六）年四月七日に七名の死亡者を出す海難事故に遭遇してしまう。大量のブリを水揚げした手漕ぎ船が、漁港の東側、加茂川河口の浅い「イチノリ」と呼ばれた岩礁帯で生まれた巨大な横波を受け転覆したのであった（地図2：③）。この水難事件をきっかけに、同年の一九五一年に小口防波堤（一九六三年完成）と大口防波堤（一九六三年完成）の建設が開始された。地元で「蕎麦屋騒動」と呼ばれる一連の騒動は、現在でも大浦最大の海難事故として後世に語り継がれる集団的記憶として大浦にはある。

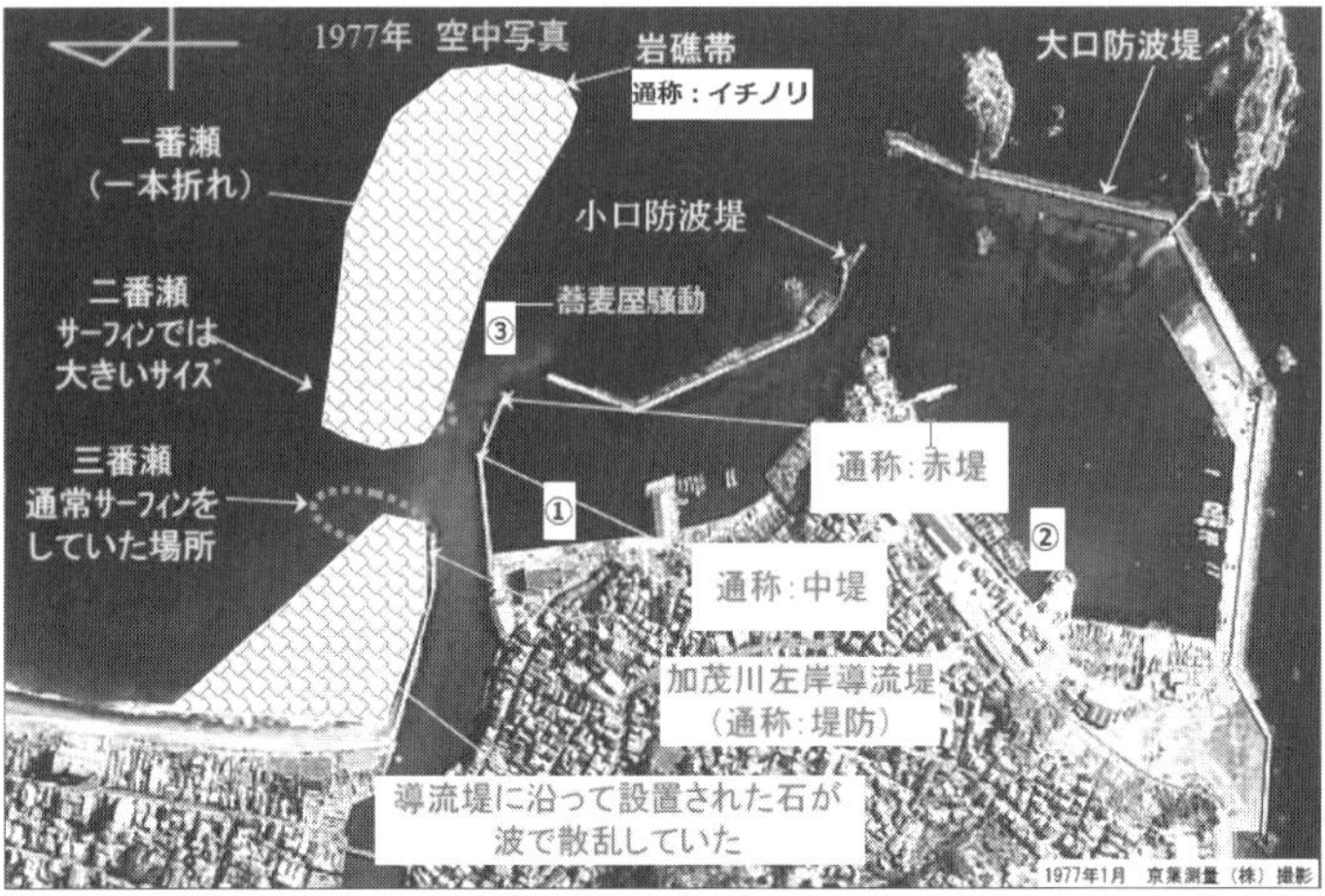

地図 2 「イチノリ」と「赤堤」の位置（1977年）
（出典：鴨川海岸づくり会議資料を基に著者修正）

地図 3 鴨川マリーナ開発事業後の鴨川漁港（2003年 1 月）（出典：同上）

蕎麦屋騒動によって休漁へと追い込まれたテイチの経営は切迫した状態となった。そこで、隣町の資本家である庄原氏（仮名）に共同経営の話をもちかけ、出資をしてもらうことで経営危機を乗り切ったという。また、一九五三年の網の化学繊維化によってテイチの経営は安定しはじめる。そこで迎えた定置漁業権免許の更新年である一九五九年、当時の県の漁業政策が定置漁業権の認可先に個人よりも漁業協同組合を優先したこともあり、テイチは鴨川漁協の経営へと移行した。しかし、その決定はテイチの危機を救った義理ある庄原氏を切ることを意味するため、大浦内でかなり揉めたという[9]。古老たちは、結果的に鴨川漁協の経営に移行した理由を「結局テイチは大浦のもの」だからだと当時を振り返る。当時の大浦の漁民は「船持ち」の経営者と「体ひとつ」の労働者の両層に分化をしていたという。そのため、地先漁場という大浦の共有漁場を利用するテイチは、共有の労働収入の場、特に船を持てず自営漁業を営むことのできない人を雇用する重要な労働収入の場として、大浦の協同生活の基礎を支えていたのだという。そのため、当時の県による定置漁業権の認可において漁業協同組合を優先する指導を理由に、個人経営という私的占有に繋がりかねない選択を避け、大浦の名家でもなく、義理ある庄原氏でもなく、鴨川漁協の経営という共有制約下にテイチを置くことを選択したのであろう。

過去を知るテイチＯＢたちは、引退後も週に何度か網の補修等の「小遣い稼ぎ」にテイチにやってくる。仲間と巻き起こした事件や武勇伝と同じように「蕎麦屋騒動」はテイチを語る際に欠かせない話題として、世代を超えて共同作業や酒の場で語り継がれている。

2-4 サーフポイントKAMOGAWAの発見

一九六〇年代にはいると、当時のアメリカ本土でのサーフィンブームを受け、峯岡レーダー基地（現在の自衛隊峯山分屯基地）に駐屯する米軍兵士たちが、鴨川でサーフィンをはじめるようになる。彼らが「発見」した良質のサーフポイント「KAMOGAWA」は全国の在日米軍らに広く知れ渡るようになる。当時、波のいい日に、「ヤンキー（米兵）」が波乗りしているのは「当たり前の風景」になっていったという。そして、以前から洗濯板やエアーマットで波乗りを楽しんでいた地元の子供たちは「ヤンキーから板を借りてサーフィンをするようになっていった」という。こうして鴨川漁港の東側の赤い灯台付近一帯は「赤提」と呼ばれるサーフポイントになった（地図2）。うねりのサイズによってポイントブレイクが異なる「赤提」は、地元サーファーからは、沖から「一番瀬」「赤提」「中提」と名付けられ、人の倍の高さ（約四メートル）を越えるダブルサイズクラス[10]の大波にいつでも乗ることができたという。そして、この「赤提」の波を産み出す浅瀬こそが、「蕎麦屋騒動」を引き起こした「イチノリ」と呼ばれる岩礁帯であった。

一九六四年七月には、第一回日本サーフィン選手権大会が「赤提」を会場に開催され、総勢五〇名を越す参加者が集まったという。ジャッジは米軍の兵士らが務め、コカコーラ社などの大手企業がスポンサーに名を連ねたという。この大会の優勝者は、地元鴨川の一六歳の青年であったが、この大会は日本サーフィン連盟が設立される前年に開催されたため、公式記録としては残ってはいない。ただし、この大会をきっかけに、地元には、「鴨川ドルフィン・サーフィンクラブ」「フェロー・サーフィンクラブ」「ユニバース・サーフィンクラブ」「ノンキー・サーフィンクラブ」といった、鴨川のサーファーを中心としたサーフィンクラブが続々設立されていくことになる。そして一九六五年には、鴨川のサーフィンクラブらを中心に日本サーフィン連盟が設立されることになる。

一九六七年には、鴨川初のサーフショップ、「ノンキー」が、「ノンキー・サーフィンクラブ」を母体に開店する。翌年の一九六八年には、当時の世界の良質なサーフポイントを集めてサーフィン映画の傑作といわれることになる『エンドレス・サマー』の撮影のために監督ブルース・ブラウンが「赤堤」を訪れたことで、鴨川はサーフィンの名所としての地位を確立していく。一九六九年には、鴨川市が主催となって、鴨川のサーフィンクラブらがバックアップ（実質的な運営）するかたちで、現在の「KAMOGAWA CITY CUP」の前身となる「第一回鴨川市長杯」が開催された。「赤堤」という良質なサーフポイントで育った鴨川のサーファーのなかから、一九六〇年代後半から一九七〇年初頭の日本サーフィン史初期において、日本チャンピオンやプロ選手が多く輩出されていく。一方で、一九七〇年の「鴨川シーワールド」の開園は、鴨川の観光化を一気に推し進め、「リゾート観光とサーフィンの街」としての鴨川が確立していく。

そして、一九七〇年代には都会からサーフィンを目的に移住する人々が登場しはじめるようになる。たとえば、現在サーフショップノンキーの店主である小野さん（仮名）は、東京都渋谷区の高校の一年生だった一九七一年四月に、鴨川出身の同級生に連れられて来た鴨川でサーフィンに出会ったという。それ以来すっかりサーフィンの虜となった小野さんは、当時一軒しかなかった鴨川のサーフショップノンキーに板を預け、夏になると三時間以上電車に揺られ鴨川へ通ったという。サーフィンを続けるために進学した大学では、サーフショップノンキーに住み込みでアルバイトをしながらサーフィン漬けの生活を送ったという。大学卒業後はスポーツ用品店に就職したが、暇を見つけては通うサーフショップノンキーの経営に関わる相談に乗っているうちに、いつのまにか経営を任されるかたちで鴨川に住み着くようになったという。

2-5 観光でないと人も金も動かない時代

高度経済成長期のなかで大浦の港湾整備は着実に進み、大波を避け、近代的な装備施設を備えた新漁港が一九六七年三月三一日に開港した（地図2：①→②に移動）。その新漁港の開港に合わせて漁船の機械化・動力化も進み、六月三〇日から一〇月一日までの休漁期が必要なくなったテイチは、一九七一年に通年操業へと移行した。

一九八〇年代に入ると、大浦の漁業はよりいっそう近代化し、一九八二年には灘網（岸に近い側の定置網）が一九八三年には沖網（沖合いの定置網）が、北陸の網会社の協力によって総入れ替えをすることになる。この網の総入れ替えによってテイチの漁獲魚種は、それまでのアオモノ（ブリ類）のみからアジやイワシといった小型魚種まで拡がった。

一九八六年に坂上氏（仮名）と一九八七年に渡氏（仮名）の大浦出身者が、高校卒業後すぐに鴨川漁協に就職し、「漁協職員」という立場でテイチの船員になった。平均年齢五七・三歳（一九八八年、計三八名、最高年齢七五歳）であったテイチに、「ワカモンが乗ったのは数十年ぶり、当時は年寄りばかり、後継者不足だったから、それは嬉しいことだった」とOBたちは当時を振り返る（図4）。高度成長期やバブル期の大きな社会変動は、大浦の若年労働力を首都圏へと一気に流失させ、大浦の高齢化率は当時の全国平均の一二・一％（総務省統計局）を大幅に上回る二〇・四％になり、テイチの高齢化は顕著になりはじめていく（図５）。テイチの後継者不足には、大きな社会変動の他に以下二つの地域規範が作用していた。まず、テイチが大浦共有の労働収入の場である裏返しとして「船を持っていない奴らが、寄って集って働く場所」という劣位に置かれる職場として位置づけられていたこと[11]。次に、テイチの船員確保は、「こちら（テイチ）から人がほしいと言うことは筋違い。だから、〝口利き〟でトチモンが乗りたい（と言い出す）のが年に一人ぐらい」だったからである。つまり、テイチが大浦の共有の労働収入の場である以上、私的占有に繋がる人選をテイチが行うことは嫌厭されてきたのである。

当然、二名の若いテイチ船員には大浦全体の期待がかけられ、乗船から二年目の一九八七年に、当時の鴨川漁協長の判断によって、坂上氏が「大浦の代表」として定置網漁の先進地である北陸に本拠を置く網会社に三年半の「留学」[12]をした。さらに一九九一年には、渡氏が同社へ一年半の「留学」をした。一九八〇年代後半から一九九〇年代初頭における大浦のテイチをめぐる一連の動きは、高齢化、後継者不足への危機感の表れだったといえよう。

このように大浦の漁業における後継者不足が深刻化するなか、バブル期は絶頂を迎え、鴨川は東

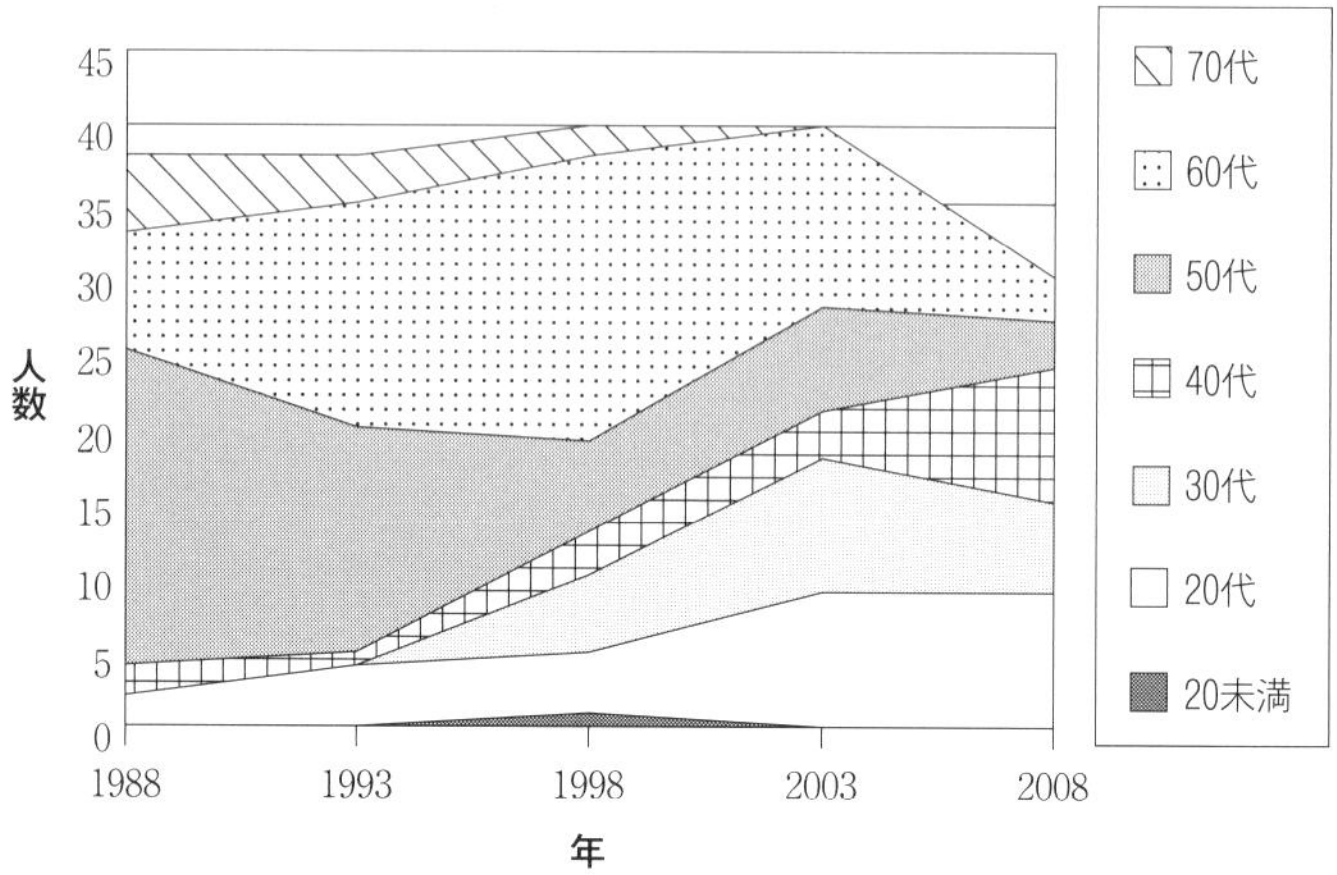

図4　テイチの船員年齢構成の変遷（鴨川漁協資料を基に著者修正作成）

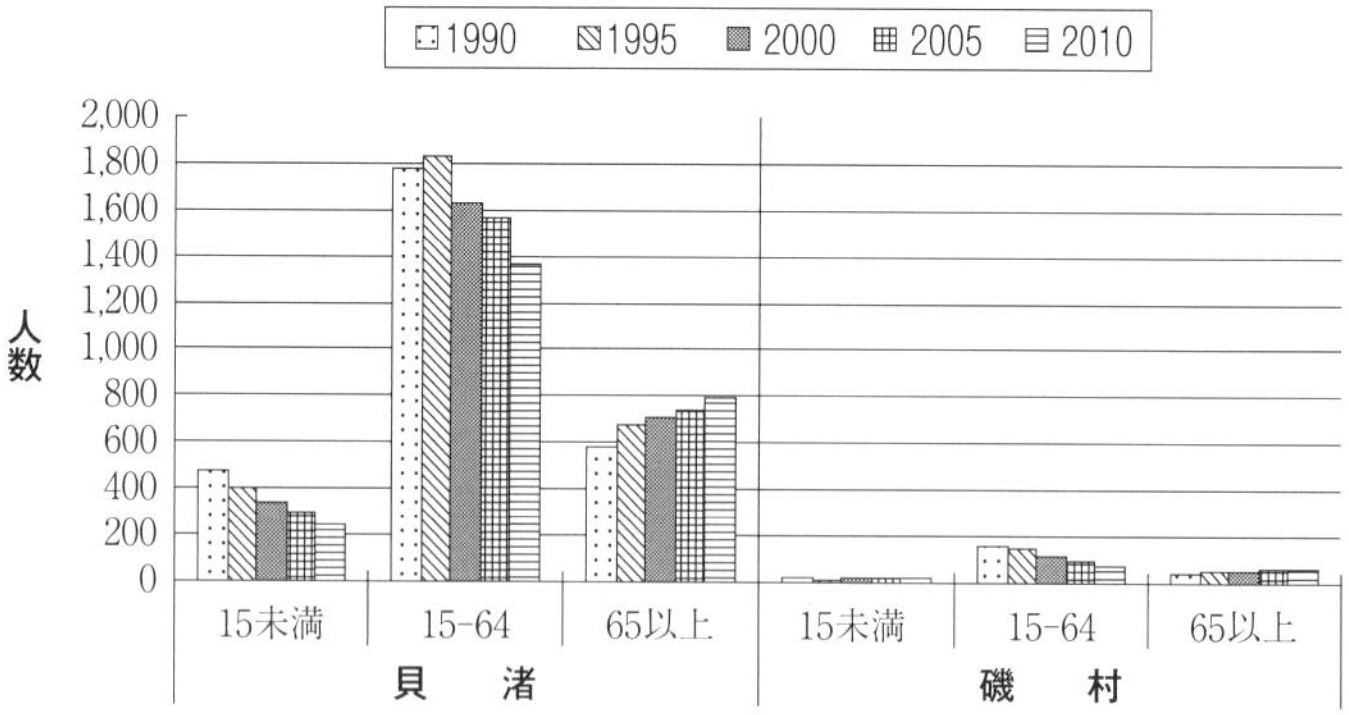

図5　大浦（貝渚、磯村）の年齢人口構成の変遷
（出典：鴨川市役所資料より著者作成）

京近郊のリゾート地としてかつてない賑わいをみせるようになっていく。この時流に乗じて、大浦の人々は大量にやってくる海水浴客や観光客をターゲットとした民宿経営に乗り出すことになる。最盛期には、「トイレでいいから寝かせてくれって、毎日電話がかかり続けてね。でも大浦には若い衆がいないから、地元の中高生七・八人にアルバイトしてもらってね。そりゃすごかった」という。日本全体がバブル経済に浮かれるなか、大浦の人々は、後継者不足という生活課題を加速化させていく時流を問題視しつつも、その流れに乗り遅れぬように民宿経営に進出したのであった。なぜなら、「観光でないと人も金もまったく動かない時代だった」からだという。時流を読み、迷い無く次の行動を決断させる「積極的な諦め」ともいうべき心性は、厳しく気まぐれな海との関わり合いのなかで醸成された漁民の心性として大浦に漂っている。

さらに、この大浦漁民の心性は、「リゾート観光地」という都会からのまなざしを逆手に取る決断へと大浦の人々を突き動かす。それが「通称：リゾート法」に基づき鴨川市と鴨川漁協の共同事業として計画された「鴨川マリーナ開発事業（以後マリーナ事業）」であった[13]。一九八七年八月、鴨川漁協の総代会で同事業の実施が承認され、鴨川市と鴨川漁協がそれぞれ一五〇〇万円ずつ出資する第三セクター（株）鴨川マリン開発が事業主として設立された。マリーナ事業の名目でありながら実際に建設されたのは、①強い波浪を食い止める「前原防波堤」（一九八九年着工一九九〇年完成、地図３：①）、②一九六四年の本港移転によって河口に船を停泊せざるを得なくなった漁師のための「鴨川漁港（前原地区）」（一九九〇年着工二〇〇三年完成、地図３：②）、③観光マリーナである

「鴨川フィッシャリーナ」(一九九〇年着工二〇〇三年完成、地図3：③)、④これまで大波で建設不可能だった、大型トラックで鮮魚を迅速に運送する大橋「鴨川マリーンブリッジ」(一九九一年着工一九九三年完成、地図3：④)であった。長年苦しめられてきた大波を生み出す岩礁地帯「イチノリ」を破壊し、そこに「鴨川フィッシャリーナ」が建設されたことから明らかなように、マリーナ事業の最大の目的は、強い大波を抑えることで、海難事故を防止することと鮮魚の大量出荷を可能にすることであった。すなわち、マリーナ事業は外部からの圧倒的なリゾート観光化の波を自らの生活改善に無理やり結びつける「苦肉の策」だったのである。さらに「このままでは鴨川は観光だけの町になってしまう」と、当時の鴨川漁協長が一九九〇年に市長選へ出馬する。ここで重要なのは、マリーナ事業による「イチノリ」の埋め立ては、日本近代サーフィンの発祥の地のひとつであるサーフポイント「赤堤」の消滅に直結するということである。ただし、その大浦の人々の根底にあったのは、サーフィンの排除ではなく、子孫への漁場の継承であったことも忘れてはなるまい。

大浦の人々を突き動かした「リゾート観光地」という都会からのまなざしは、圧倒的な力で鴨川の地域生活を規定していく。たとえば、一九八八〜一九九一年の三年間に鴨川の地価は二倍以上(住宅地二・四倍：四万三〇〇〇→一〇万九〇〇〇円／平方メートル、商業地二・一倍：一四万〇〇〇〇→二九万八〇〇〇円／平方メートル)に跳ね上がっている(図6)。バブル経済の嵐が吹き荒れるなか、東京を中心とする大資本による乱開発に対して、鴨川の主婦たちを中心とした市民運動が活発化し始める。彼女たちは日々の生活のなかで、ゴルフ場やリゾートマンションの乱開発やそれに伴う不

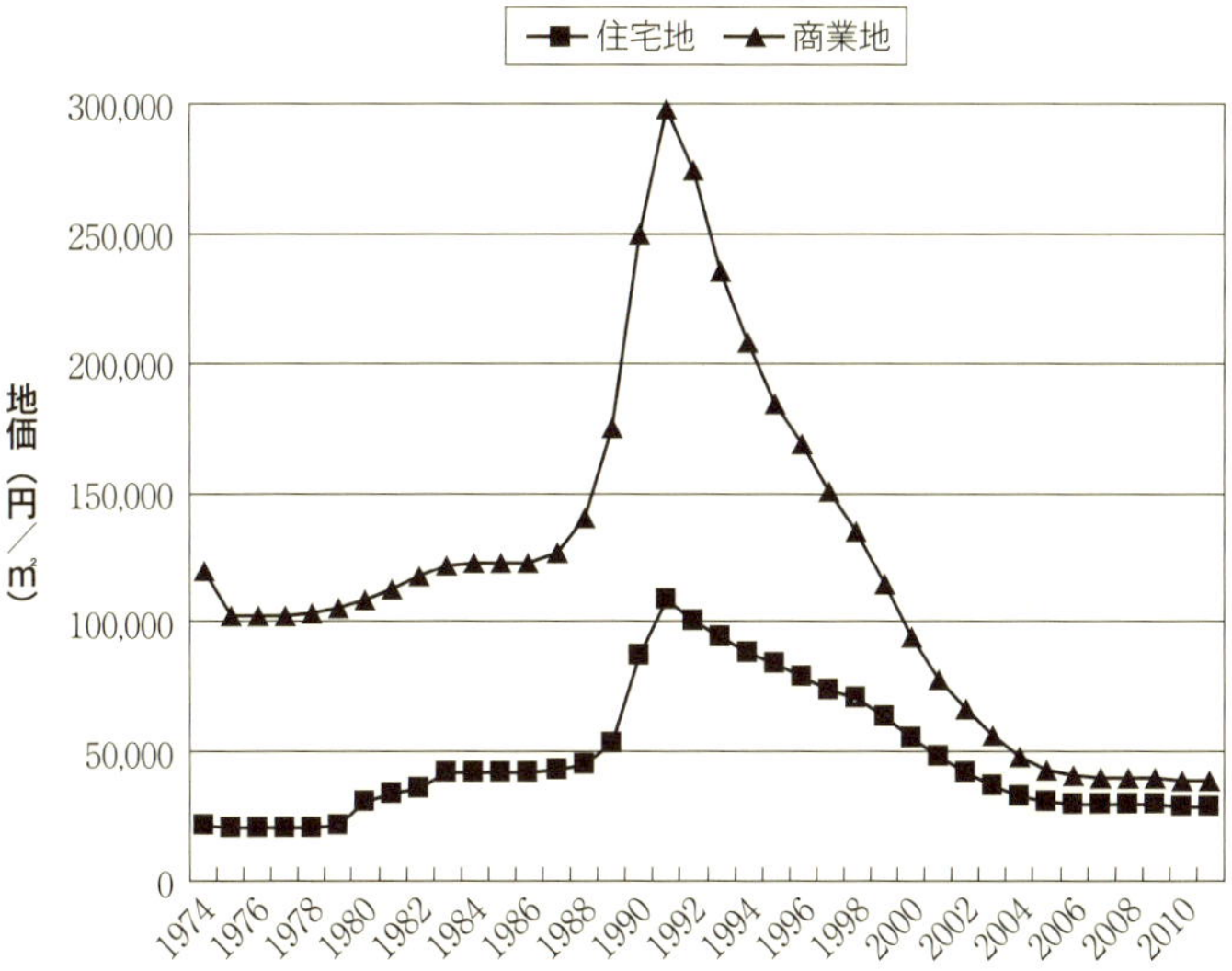

図６　鴨川の地価の変遷
（出典：国土交通省土地総合情報ライブラリーより著者作成）

当な地上げ、ゴミに埋もれ悪臭の漂う砂浜、観光客の違法駐車で埋め尽くされた道路、観光客によって一晩中打ち上げられ続ける花火の騒音と煙といった、リゾート観光化の負の側面を問題視するようになっていった（写真3・4）。そして、その乱開発の象徴となったのがマリーナ事業であった。

　そのマリーナ事業への反対運動の中心に立ったのが一九七九年から鴨川に暮らす「移住サーファー」の立川さん（仮名）であった。彼女は、鴨川生まれの祖母を持つが、生まれも育ちも東京の女性である。サーフィンをするために高校卒業後、「サーフボードと現金ちょっとだけ持って」鴨川に移住した。六：〇〇～一〇：〇〇はサーフィ

写真３　現在も続くリゾート開発反対運動（撮影：著者）

写真４　バブル期の鴨川（出典：かもがわナビ）

ン、一〇：〇〇～一五：〇〇は喫茶店のウェイトレス、一五：〇〇～一八：〇〇は再びサーフィン、一八：〇〇～二三：〇〇は喫茶店のウェイトレスに戻るという、「仕事は二の次、夢に見たサーフィン中心の生活を実現した」という。鴨川のサーフショップのオーナーと結婚をするまでの七～八年間、「彼氏もいらない、服もボロボロ、波のことしか考えていない時間」を過ごしたという。そのため、立川さんは、「赤堤」がマリーナ事業によって消滅することを「自分の身内がいなくなる感覚」で嘆きつつも、「時代の流れ」と仕方のないと受け入れていたという。また同時に、重度のアレルギー性皮膚炎の子を持つ親として、「私を育ててくれた海や海岸」が破壊され、「どんどん食い物にされていく姿」にわが子の姿を重ねていたという。そんな折、漁民のなかにマリーナ事業に反対している一人の女性がいることを新聞で知る[14]。一部の地元土建屋や東京の企業が私財を肥やすためにマリーナ事業が利用されているという彼女の話を聞いているうちに、「そんなくだらないことで赤堤がなくなるのは我慢ならぬ」と怒りがこみ上げ、反対運動を開始したという。

反対運動は、「リゾート開発」の象徴としてのマリーナ事業の是非をめぐる鴨川市長選挙へと発展していくことになる。当初、立川さんは市議会選への立候補を考えていたが、「勝つことは無理かもしれないけど、マリーナ事業を推し進める鴨川漁協長の無投票当選だけは避けたい」と、市長選への出馬を決意する。一九九〇年七月八日、鴨川市長選挙（投票率七三・一七％）が開票され、一万四二一九票を集めた鴨川漁協長が初当選を果たした。立川さんは、乱開発を疑問視する市民やサーファーからの支持を得た結果、供託金返還ラインの一割得票を十分に超える二七七〇票を集めた。この鴨川市長選挙は、一九八七年以降で唯一の市長選（過去六回は無投票選）であり、現在でも鴨川市民に鮮明な記憶として残っている。結果的にマリーナ事業は一九九〇年二月に着工し、二〇〇一年六月に完了した。

市長選にまで発展した「赤提問題」は、単なる利害関係に還元される問題ではない。漁民、サーファー、主婦たちが立場は違えど問題視したのは、バブル経済という圧倒的な外部条件であったことは共通しているからである。しかし、各主体によって、外部条件に規定されていく「鴨川」と、それを乗り越えた先に描く「よりよい鴨川」の地域像は異なるのである。そこには各主体間における波や海の見え方の相違が横たわっている。具体的にいえば、同じ空間改変であるにもかかわらずマリーナ事業は、漁民の目には、死者を出した蕎麦屋騒動に代表される長年苦しめられた波を改善する港湾事業のひとつとして映り続けている。その一方で、波を中核に捉えるサーファーの目には、日本サーフィン、鴨川サーフィンの象徴であった「赤堤」を消滅させた乱開発として映り続けているのである。

2-6　終わりなき対立関係

バブル経済の崩壊が顕在化した一九九三年、立川さんを中心としたサーファーらによって、当時進行中の鴨川フィッシャリーナ横の離岸堤建設に対する反対集会が開催された（地図3：⑤）。この頃から、立川さんの活動は乱開発から海岸利用へと向かい、市長選挙活動の母体となった主婦層はこの反対集会に参加していない。

この反対活動の発端は、海岸が波に削られ、越波を心配した海岸沿いの住民からの市への相談だった。ところが、市から県へ、県から建設省へと話が上がり、建設省の防災事業として現場に戻ってきた際、離岸堤は住民が当初に要請した一本（約二〇〇メートル）から五本に増加していたのだという。この予期せぬ離岸堤の増加に「このままでは波乗りをする場所がなくなる」、「鴨川の海や海岸をこれ以上無意味に破壊することは避けるべき」と、立川さんと鴨川のサーファーたちが、全国のサーファーに抗議行動を呼びかけた。その結果、約七〇〇〇人の建設反対の署名が集まり、鴨川市市長と千葉県知事に提出された。さらに、全国から集まった数百人のサーファーたちによるデモ活動が展開されたのである。この抗議行動は、離岸堤のすぐ横で建設中のマリーナ事業に飛火し、サーフボードに跨ったサーファーたちによって、海上からの抗議活動（バトルアウト）が展開された。この抗議活動の結果、離岸提の本数は五本から三本に減少した。ただし、全国から集まった多数のサーファーが公然と繰り広げた抗議活動は、漁民にサーファーと自分たちの論理の相違をより鮮明に認識させる出来事になった。

この立川さんを中心としたサーファーによる一連の抗議活動は、一九八四年にアメリカで立ち上がったサーファーやボディボーダーの視点や立場から海辺の環境保護活動を行う団体「サーフライダー・ファウンデーション」の目に留まることになる。一九九三年に会報誌『ツナミニュース』が創刊されたのに続き、一九九五年に鴨川に「サーフライダー・ファウンデーションジャパン（以後

ＳＦＪ）」事務局も開設され、立川さんが代表に就任した。立川さんは、ＳＦＪの初代代表に就任後、一九九七年の日本海でのロシア船ナホトカ号重油流出事故の支援活動に始まり、二〇〇四年に代表を退くまで、第一線でビーチクリーン（海岸清掃）を中心とした環境保護活動を、鴨川から全国へと展開させていくことになる。

一方で、サーファーによる抗議活動が行われた同年の一九九三年、テイチの船頭に若干二八歳の坂上氏が就任した。「オッケドン（大船頭）」と呼ばれるテイチの船頭は漁撈に関わる一切の決定権を掌握する。そのため、テイチが大浦の共有財である以上、その人選には大浦全体が納得する必要があり、若年者の船頭就任は異例であった。「当時は、鴨川の漁業がなくなる危機感があった。だから坂上氏が網会社で学んできた新しいことを試す時期だった」と、前船頭は語る。テイチにおいて、船頭を譲り渡すことは引退を意味するのではない。そうではなく、船員が慢性的に不足するなか、一船員にもどり、船員としての役割に従事することを意味するのである。実際にその後五年間の引退まで元船頭は一船員として働くことになる。「全体（大浦）のことを考える男の英断だった」と古老たちは、自ら身を引いて、坂上氏をテイチの船頭に推薦した元船頭の勇気をたたえる。それほどまでに坂上氏は、大浦全体の期待を具現化する存在だったのである。

坂上氏はテイチの船頭として「新たな挑戦」を積極的に展開していく。技術的には①漁具被害の防止、②作業の省力化、③水揚物の付加価値向上を、さらには一九九七年の江見漁業協同組合を吸収合併、一九九八年には移住サーファーを船員として受け入れはじめ、着実に世代交代を進めている（坂本 2010）。

一九九〇年代後半になると、鴨川の波に魅せられたサーファーが年間約二〇万人も集まってくるようになる。それに応じてサーフショップが続々と開店し、移住サーファーも鴨川の日常的な存在になっていく。また、ＳＦＪは鴨川でビーチクリーンを中心に活発な環境保護活動を展開しはじめる。

二〇〇三年一一月一六日、ＳＦＪを中心とした鴨川在住のサーファーらの働きかけによって、鴨川市が主催する「第一回鴨川沿岸海岸づくり会議」が開かれることになった。会議の内容は、一九九〇年代後半から問題となっていた前原海岸沿いの越波問題を、「利害関係者が一同に介した民主的な話し合いの場」によって解決していこうとするものであった。そのため会議には、有識者、漁師、サーファー、観光業者といった立場の異なる、鴨川の海浜利用に関わる関係者が一同したオープンな議論の場が設定された。つまり、「鴨川沿岸海岸づくり会議」では、参加型民主主義の理念と、その具体的な手続きとしての「透明性」を重視する「透明でつめたい合意形成」（土屋 2008）が目指されたのである。しかし、「アメリカのやり方を日本でやってみただけ」という冷ややかな意見が、参加者からは立場を超えて聞かれるのが実際であった。二〇〇七年まで計六回の会議では、越波問題を超えて、サーファーから「赤提問題」という「過去の過ち」の反省を踏まえた、具体的な問題解決案として防波堤撤去などの議案が提出されるなど、歩み寄るというよりも、関係者間の論理の相違が浮き彫りとなっていったという。そのためか、最終的に漁民側からの参加者は

写真 5　鴨川の現状
（撮影：村田悠）

いなくなったことで、合意形成とは程遠い結末を迎えて、自然消滅した。

さらに、サーファーの立場から海浜の管理・運営に積極的に関与する試みとして、二〇一〇年一〇月八〜一二日にかけて、SFJ国際会議が鴨川で開催された。この会議には、世界各国から著名なサーファーや環境保護団体が集まり「海岸環境の保全活動と新しい海岸利用の模索」をテーマに、各国の海浜管理の手法の紹介、日本の海浜管理の視察や会議が行われた。またDVD「赤提の歴史」が放送され、日本のサーフィン史に重要な役割を果たした、「いまはなき赤提」の記憶が「反省すべき過去」として世界へ紹介された。

二〇〇〇年以降のSFJを中心としたサーファーらによる一連の活動は、「小さな町」鴨川では誰の耳にも入るものとしてある。逆に言えば、それを見込んだサーファーからのアピールであったともいえよう。このSFJを中心としたサーファーらの活動は、これまで行政や鴨川漁協が独占的に管理してきた鴨川の海と海岸利用に、新たな利用主体であるサーファーが積極的に関与するという市民参加を志向する活動として理解することができよう。そして、こうした市民参加は好ましい傾向として一般的には理解されている。しかし、鴨川の場合においては、その目的とは裏腹に、漁民との軋轢を強化しているのが現実といえよう。

現在も、大浦の人々の中にはサーファーを「ゴキブリ」と呼び、彼らの論理を受け入れることを頑なに拒み続ける人がいる。それにもかかわらず、なぜ大浦の人々は軋轢関係で在り続けているサーファーを、テイチをはじめとする大浦の漁業に受け入れたのであろうか。

3　おらがテイチ――口利きという生活技法

一九九八年に移住サーファーを受け入れはじめてから、二〇一三年八月現在、テイチの全船員三〇名内一一名がサーフィンを理由に鴨川に定住を決意した人々である（写真6）。特に四〇才以下の船員に限定すれば一七人中一〇名が、また移住組に限定すれば、一一名中八名がそうである（表2テイチ船員の一覧：章末に添付）。

この背景には、まず、赤堤がなくなった現在でも鴨川が移住サーファーにとって魅力的な街だと

写真６　均等に獲物をおかず分けするテイチ船員（撮影：著者）

いう点がある。それは移住サーファーの生活構造と関係している。現実に、賃労働者が毎日サーフィンをするには出勤前の時間を有効利用する他ない。ところが、一般的にサーフポイントは「職場のある街」と離れており、通勤時間の関係から毎朝波乗りをすることが難しい。その点で、「赤堤」は消滅したが、「職場のある街」の目前に五つのサーフポイントが並ぶ稀有な鴨川は移住先として非常に魅力的なのである。さらに、同条件を満たす湘南とは異なり、鴨川には黒潮による年中温暖な水温と太平洋のパワフルな波がある。スクールやインストラクター市場が未成熟で「上手い人を見て学ぶ」サーフィンにおいて、競技レベルが高いという点でも、鴨川は移住先としてサーファーを魅了するのである[15]。

では、このように「波」を理由に移住してくる彼らを、大浦の人々は、なぜテイチに受け入れていったのであろうか。

その背景のひとつには、相変わらずの大浦の高齢化と漁業後継者不足という生活課題がある。二〇一〇年の大浦の高齢化率は三三・四％となり、高齢化に伴う労働人口の減少は著しい（図4）。そのため、親族経営である二そう巻網漁に労働人口を供給したうえで、大浦出身者のみでテイチの労働力を再生産していくことは、現状では不可能に近い。二〇一〇年の漁業協同組合の広域合併によって管理すべき定置網数が一時的に増えた際には、ついにテイチはハローワークに求人広告を出すまでに追い込まれている。

しかし、ここで重要な点は、ハローワークでテイチに職を得た二名と飛び込み一名[16]を除く全員が、テイチで働く際に大浦かテイチの関係者からの口利きによって職を得ている事実である。テイチ側から船員を募集するわけでもなく、乗船希望者が自らを直接売り込むわけでもなく、大浦やテイチの関係者が媒介となる。逆に言えば、口利き以外でテイチの職を得ることは困難である（表2）。

たとえば、山本さん（仮名：表2の⑪）は高校卒業後の進路に悩みながらも、趣味であるサーフィンを地元で続けられる職ということで高校の先輩である佐伯さん（仮名：表2の②）に口を利いてもらい、「漁協職員」という立場でテイチに乗船することになったという。また、浜本さん（仮名：表2の㉕）は、釣り船からテイチに移ったが、その際に「迷惑になる」と考え、釣り船の親方からの「口利き」を頼まなかったという。しかし、船を下りることを伝えると、船を移ったことよりも「口利き」を頼まなかったことを親方に怒られたという。後に分かったことだというが、その親方が浜本さんの見えないところで実は「口利き」をしていてくれたという。

さらに口利きの場合、船員数が過剰な状況でない限りテイチの方から断ることはない。テイチの船員募集をめぐる実態は、高齢化や漁業後継者不足という要因のみで説明することは難しい。実際に、大浦の人々やテイチの船員たちは移住サーファーをテイチが受け入れた理由を口利きだからと答えるのである。では、大浦の人々のいう口利きとは、何を意味するのであろうか。

大浦では道端や海沿いで会話に勤しむ古老や漁師たちの姿は日常的な光景である。彼らの目線や会話の内容にテイチは欠かせない存在である。古老たちは、しばしば冗談交じりに「おらがテイチ」という言葉を口にする。「おらが」とは、房州弁で「我が家の」という意味である。つまり、彼らにとってテイチは、我が家と同様に常に気になる存在として大浦にはある。それは同時に、テイチの船員たちへの無言の圧力と共に励ましともなっている。

二〇〇四年まで、テイチには海人漁《あまりょう》を専門とする大浦の漁師らが乗船していた。彼らは、春から夏にかけて下船し海人を行い、そして秋から冬にかけてテイチに乗船する人々である。それは寒く危険な季節のみテイチに乗船することを意味する。この海人たちを大浦の人々は「大浦のことを考える男気のある人だ」と称する。なぜなら彼らは、冷たく危険な海中での網の取替や補修を請け負う「海人」として乗船するからである。さらに、テイチにはイカ漁船団の元頭領や国際商船の元船員などを引退後に、大浦出身者として「小遣い稼ぎ」「暇だから」と言ってテイチに乗船をする者がいる。つまり、テイチは大浦の人材を還流させる社会的装置としても機能しているのである。そして、そうしたテイチにわざわざ乗船する彼らの姿は、大浦の共同生活の基盤を支えている人物として、大浦の人々の目には映るのである。

テイチは鴨川漁協の財政基盤や大浦の共同生活の経済的基盤を支える存在でもある。たとえば、前述したように、個人経営である小型船や二そう巻網漁の水揚げ手数料が売上高の四％に対しテイチは一〇％である。また、テイチの売上が五億円を超えると組合員へ配当が支払われることになっている。さらに、「ナゴ（サバ：安価な魚の代名詞）を捕って個人船が食えるのは鴨川だけ」といわれるように、安定的に多種の漁獲魚種を水揚げするテイチの存在は、魚価を高値に安定させる。そうであるがゆえに、テイチの船頭はあくまで大浦の「おらがテイチを預かる」という社会的責任を負う存在となる。そのため、大浦の人々からの口利きを断る「筋違い」な行為はしないし、できないのである。つまり、私的占有に繋がる行為は非常事態の場合を除いては行われないのである。それは同時に、口利きが行われた時点で人選は済んでいることを意味し、断らずにその人物を預かることが推薦者に対する信頼の表れとなる。実際にこれまでテイチの側から船員を「クビ」にすることも決して行われないできた[17]。

ただし、サーファーを受け入れた一九九八年以降、口利きの内実は徐々に変容しつつある。以前は、口利きする人物もされる人物も大浦やテイチに関わる人物であるという条件を満たす必要があった[18]。しかし、図3が示すように、一九九〇年代以降の鴨川は、毎年約五％の流入人口（移住者）を受け入れる「移住の街」というべき人口構造となっている。この「移住の街」における日常的な社会関係は「トチモン」も「ヨソモン」も関係なく結びついていく。たとえば、高校生で東京からサーフィン留学に鴨川に来た徳田さん（仮名：表2の①）は、地元の女性と結婚し、安定した職に就きなさいという義父の口利きを受けテイチに入った。神奈川出身の森山さん（仮名：表2の⑱）は定職が定まらず困っていたところを、実兄の同僚を通じて大浦出身者に口利きをしてもらった。他地域出身の石山さん（仮名：表2の㉘）や高川さん（仮名：表2の㉙）は仕事がなく困っていたところを大浦出身者やテイチ関係者のサーフィン仲間に口利きをしてもらった。東京の野田さん（仮名：表2の⑮）は不安定な職に悩んでいた時、大浦出身者の飲み仲間に口利きをしてもらった。このように今では、「トチモン」も「ヨソモン」も関係なく「口利き」の対象となっていく（表2）。つまり、口利きされた対象者が「ヨソモン」であっても、「こいつはいいやつだから頼むよ」と大浦の人々から「仲間の仲間」として口利きされれば、「おらがテイチ」はその頼みを断らないし、断れないのである[19]。つまり、テイチが移住サーファーを受け入れる論理の源泉には、世代を超えて醸成された「おらがテイチ」という地域規範が存在している。そして、このテイチを大浦の共有生活の基盤であり続けさせる地域規範を守ろうとする延長線上に、移住サーファーの受け入れは存在しているのである[20]。

そして、テイチの再編は経済面を超えて大浦の地域生活を下支えしている。たとえば、テイチに一年以上乗船した船員には、出身地に関係なく漁業権を与えることが慣行となっている（表2）。それは、大浦の地域生活の担い手として彼らを組み込んでいくことを意味する。たとえば、九〇年代には氏子の高齢化によって存続が危ぶまれた大浦八雲神社の神事である天王様の神輿は、二〇一一年は四三名中一一名を、二〇一三年は三六名中九名をテイチ船員が担っている。また、テ

写真7　神社のしめ縄を紡ぐテイチ船員（撮影：著者）

写真8　港湾を清掃するテイチ船員（撮影：著者）

写真9　テイチ船員として大浦の氏神を担ぐ移住サーファーたち（撮影：著者）

イチ副船頭が氏子総代を務めている。さらに、その神事に必要な集金活動やしめ縄づくりもテイチが請け負っている。大浦の氏神である八雲神社のみならず、海上安全の神である馬頭観音、豊漁の神である山住様、大黒講・天神講らのお宮を維持管理することや、参道の補修や清掃、港湾の清掃などを日常的に担うテイチは、まるで大浦の青年団のようである。さらに、テイチの船員である移住者とその家族たちは、各地区の氏子となり、神輿や神楽など地域芸能の担い手や、町内会活動の担い手にもなっていく[21]（写真7・8・9）。

口利きという生活技法を駆使する大浦の人々の生活実践は、「おらがテイチ」という地域規範を守りつつ、人的資源を更新していくことで地域生活を再編させ、さらにはサーファーとの関係も再構築している。双方が共に生活を成り立たせようとする結果として結びついた「生活基準の関係」と呼べるその関係は、「利害関係者が一同に介した民主的な話し合い」によって合意形成を模索する取り組みとは一線を画す関係構築のあり方といえよう。なぜなら「生活基準の関係」は、お互いの理解し難い点や社会的立場を乗り越えるのではなく、とりあえず棚上げすることで、食い扶持の確保といったお互いの生活を成り立たせることを最優先に構築される関係であるからである。そして、それを可能にする生活技法として口利きは存在している。

4　生活基準の関係——共に生活を成り立たせる

東京近郊の温暖な海辺という地理的条件から、鴨川はリゾート観光化と急激な人口の流入出を経験してきた。この圧倒的な外部条件への対処として「赤堤問題」は存在したといえよう。なぜなら、漁民、サーファーが共に問題視したのは、リゾート観光化という圧倒的な外部条件だったという点では同じだったからである。しかし、両者の相容れない空間定義とその論理は正反対の解決案を導き出した。大浦の人々は「リゾート開発」を逆手にとって、かつて七名の死亡者を出した「蕎麦屋騒動」をはじめとする、自分たちの地域生活を根底から脅かし続けてきた大波を産み出す「イチノリ」を消滅させることで地域生活の再編を試みた。それは他方で、サーファーからみれば、世界有数のサーフポイントであり、日本サーフィンの聖地であった「赤堤」を消滅させた乱開発として歴史に刻まれている。すなわち、家中茂（2009: 71）が述べるように、本来的に自然環境そのものに価値が存在するのではなく、「配置される社会関係に応じて」、また「歴史的に形成され蓄積された」

関係性のなかで、自然環境の「資源としての価値」は創造されるのである。だからこそ、本事例における「波」や「海」の見え方に起因する漁民とサーファーの空間定義の相違は、時間を積み重ねることで風化されるのではなく、より鮮明にすれ違っていく。そうであるがゆえに、地域空間の利用をめぐる合意形成を図った「利害関係者が一同に介した民主的な話し合いの場」は逆に、「空間定義の二重化」をより鮮明にしてしまった。

しかし大浦の人々は、口利きという生活技法を用いることで、移住サーファーを「仲間の仲間」として大浦の地域規範の枠内に位置づけ直し、サーファーというフレームを用いることを避け、その社会的属性や立場を棚上げにし、結果的にサーファーとの関係を再構築してきた。ここで重要な点は、テイチへの移住サーファーの受け入れは、合意形成の理念とはまったく異なった位相で成立している事実である。つまり、移住サーファーの受け入れは、サーファーの論理を理解したからではなく、大浦を規定する「おらがテイチ」の論理を極限まで追求することで成立しているのである。それほどまでに、大浦の人々にとってテイチとは、ただの生産組織ではなく、皆が共に暮らしていくなかで醸成させてきた、そしてなによりも、ここでこれからも共に生きていくためには不可欠な生活組織なのである。

合意形成論は、地域空間の利用をめぐる合意／対立を基準にすることで、結果的に現実を一元的に捉えてしまう。しかし、互いに譲りがたい局面からのみで、人々の関係を論じることは、彼らの論理から乖離するばかりでなく、彼らの直面する生活課題やそれを乗り越えようとする創造的営為までも見過ごしてしまう危険性がある。なぜなら、本事例の人々は、空間利用や空間定義の局面では対立せざるをえない社会的立場であっても、それをとりあえず棚上げにすることで両者の生活を成り立たせる互助的関係を成立させているからである。それは、対立せざるを得ない関係の裏で「生活基準の関係」が同時に併存可能な事実を教えてくれる。[22]

表1　鴨川市をめぐる出来事

年	鴨川漁業の出来事	サーフィンや観光をめぐる動き	市政の動き
1951	水難死亡事故・蕎麦屋騒動が発生		
1953	テイチがナイロン網に張替え		
1959	テイチが鴨川漁協の経営へ		
1962		米軍兵士たちがサーフポイント「KAMOGAWA」を発見	
1963	小口防波堤・大口防波堤の完成		
1964		赤堤で第一回日本サーフィン選手権大会が開催	
1965		日本サーフィン協会の設立	
1967	新漁港への移転、テイチの船舶が動力化	鴨川に初のサーフショップが開店	
1969		第一回鴨川市長杯（現在のKAMOGAWA CITY CUP）が開催	
1970		鴨川シーワールドの開園	
1971	テイチが通年操業へ		
1973	鴨川漁港の漁船がすべて動力化		
1982	テイチのなだ網が総張替え		
1983	テイチの沖網が総張替え		

1986	坂上氏がテイチに乗船		
1987	坂上氏が留学		鴨川マリーナ開発事業計画の実施承認
1990			鴨川市長選挙 鴨川マリーナ開発事業の着工
1993	坂上氏がテイチ副船頭に就任（当時25歳）	サーファーによる離岸堤建設への抗議活動	
1995		ＳＦＪの発足	
1996	坂上氏がテイチ船頭に就任（当時28歳）		
1997	江見漁業協同組合を合併吸収		
1998	初の「移住サーファー」がテイチに乗船		
2001		鴨川レジェントサーファークラブの設立	鴨川マリーナ開発事業の完了
2003		第１回　鴨川沿岸海岸づくり会議	
2004		第２回、第３回、第４回　鴨川沿岸海岸づくり会議	
2005		第５回　鴨川沿岸海岸づくり会議	
2007	急潮でテイチの網が全壊	第６回　鴨川沿岸海岸づくり会議	
2009	テイチが週休制へ		
2010	テイチがハローワークへ求人広告 テイチが江見支部の定置網を操業開始	ＳＦＪ国際会議が開催	

表2 テイチ船員の一覧（2013年8月現在）（出典：聞き取り調査より著者作成）

番号		役職	年齢	乗船年	出身地	前職	漁業権	口利き	神事	サーフィン	乗船の経緯
1	沖網本船	船長	30	12	東京都	生え抜き	○	○		○	義父（大浦出身者）の紹介
2			34	16	鴨川（小湊）	生え抜き	○	○			大浦出身者の紹介
3			62	10	鴨川	工場夜勤	○	○			大浦出身者の紹介
4			69	9	鴨川	燃料補給船	○	○			定置OBの紹介
5			46	14	鴨川	トラック運転手	○	○			大浦出身者の紹介
6			46	8	鴨川	魚屋	○	○			定置OBの紹介
7			47	3	鴨川	土木	○	○	○		6の紹介
8			40	2	鴨川	土木	○				ハローワーク
9			39	2	君津市	土木	○	○	○	○	前職場社長を介して大浦出身者の紹介
10			39	0	東京都	宅急便	未	○	○	○	前職場同僚の大浦出身者の紹介
11	沖網運搬船	船長	33	15	鴨川（小湊）	生え抜き	○	○	○	○	2の紹介
12			40	11	鴨川	会社員	○	○			大浦出身者の紹介
13			29	12	鴨川	生え抜き	未	○	○		11の紹介
14	沖網伝馬船	副船頭	45	27	鴨川（大浦）	生え抜き	○	○	○		大浦出身者の紹介
15			45	16	東京都	消防設備会社	○	○		○	大浦出身者の紹介

16	なだ網 本船	船長	50	13	鴨川（小湊）	車両運搬船	○	○			義父（大浦出身者）の紹介
17			26	6	鴨川（大浦）	溶接工	○	○			定置ＯＢの実祖父の紹介
18			39	11	神奈川	会社員	○	○			大浦出身者の紹介
19			33	2	館山市	定置網漁師	未				ハローワーク
20			35	2	勝浦市	警備員	○	○		○	14の紹介
21			34	1	鴨川	植木屋	○	○	○	○	20の紹介
22			42	0	埼玉県	ラーメン屋	未	○			前職場同僚の大浦出身者の紹介
23			38	0	鴨川	宅急便	未	○		○	12の紹介
24	なだ網 運搬船	船長	32	14	鴨川	生え抜き	○	○	○		大浦出身者の紹介
25			43	16	鴨川（太海）	機関士	○	○			前職場船長の紹介
26			28	8	鴨川	土木	○	○			1および11の紹介
27	なだ網 伝馬船	船頭	45	28	鴨川（大浦）	生え抜き	○	○	○		大浦出身者の紹介
28			41	5	山梨県	私鉄職員	○	○		○	サーフィン仲間（大浦出身者）の紹介
29	なだ網 伝馬船	船長	40	15	千葉市	ホスト	○	○		○	サーフショップを介して15の紹介
30			40	10	大阪県	通関士	○			○	14の存在を新聞で知り、飛び込み

第 5 章

「開発」の正当化と持続的スポーツツーリズム

――スクーバダイビング構想に対する漁民の対応

第5章は、島根県旧島根町の小さな漁村を舞台とした持続的スポーツツーリズムによる観光開発の事例を取り上げる。奥泊（仮称）は、一九八〇年代前半から釣り船や民宿経営を自営し、一九八五年からは地先の海をダイビングスポットとして開放してきた集落である。こうした流れから、一九九八年に計画実施された「島根町ダイビングセンター構想」の対象地に選定された。ところがそれを契機に、それまで良好であった奥泊とスクーバダイビングの関係は「ここもえらい観光地になってまった」と変化をみせはじめ、結果的に奥泊の人々の反対によって地先の海からスクーバダイビングは姿を消すことになった。

スクーバダイビングは「水中をただ見るだけ」のエコスポーツであり、漁業に直接的な影響を与えることはない。さらに、奥泊の人々は観光地として来訪者を受け入れてきた経験を豊かに持つ人々である。そうでもあるにもかかわらず、なぜ奥泊の人々とスクーバダイビングは軋轢関係へと移行していったのであろうか。本章では、両者の関係が移行していく具体的なありようを、奥泊の暮らしの経験のなかにスクーバダイビングを埋め戻しながら描き出していく[1]。

1　エコツーリズムの理念と現実

環境保全と経済的発展の両立を目指すエコツーリズムをめぐる議論は、環境保全をどのように達成するのかという点で大きく二つの主張に分けることができる。ひとつが、自然環境への負荷を最小限にするための「資源利用適正化」（山田 2008: 199）に見合った政策や利用ガイドラインの必要性に力点を置くもの（Eagles 1999 = 2005; Holden 2000; 山田 2008）。もうひとつが、地域住民の住民参加によって自然環境の持続的活用の実現に力点を置くものである。ただしそれには、観光対象となる自然環境の「価値」を地域住民に再認識させる必要性を主張する啓蒙的立場（多方 2001; 下村 2005; 溝尾 2004）と、当該地域の自然環境を最も理解しているのは地域住民であるとして、活動主体として計画段階からの住民参加を主張する立場がある（伊藤 1997; Honey 1999; 敷田・森重 2011）。

上記二つのエコツーリズム研究の流れは、その力点は異なるが、自然環境保護と地域住民の生活保全を予定調和的に結びつけて論じる点は共通している。つまり、観光対象となる自然環境へ与える負荷を最小限に抑えることで、その自然環境下で繰り返されてきた生活実践や地場産業は保全され、地域住民の生活には影響が生じないという理念が大前提となっているのである。

こうしたエコツーリズムを下支えする理念に対し、少数ながら批判的立場を取る研究がある。例えば吉田春生（2004）は、地域社会に配慮するエコツーリズムの理念を評価し、その先進事例とされるガラパゴス諸島を事例に取り上げる。しかし現実には、観光対象となったウミイグアナが保護されることで、漁業を生業としてきた地元住民の生活が圧迫される事態が生じていた。この事実を引き合いに出して、吉田は、エコツーリズムの「自然保護、環境にやさしい観光、地域社会への貢献、どれも理念としては好ましく誰も反対しない。しかし、その理念が実際のツーリズムの現場でどのように実現されるのか」（吉田 2004: 3）という点こそが重要であると述べる。つまり吉田

（2004）は、理念を絶対視する考え方に立つと、結果的に地域生活とはかけ離れた開発になる場合があると警鐘を鳴らすのである。では、現代では自明となったエコツーリズムの理念を絶対視することなく、エコツーリズムと地域生活の関係に迫るにはどうすればよいのであろうか。

その点で、古村学（2015）は示唆的である。古村は、地域に根差したエコツーリズムの実現に向けた住民参加を企画したにもかかわらず、島民からの参加者が集まらなかった南大東島の「島まるごとミュージーアム構想」を事例として取り上げている。古村は、そのメカニズムに迫るために、島民の地域生活の経験にフィールドワークから迫っていく。そこから浮かび上がったのは、「島まるごとミュージーアム構想」の「グローバルな自然保護」という評価軸とは異なる、「生活の利便性」という住民の自然に対する評価軸であった。古村は、その評価軸のズレが地域住民のノン・コミットメントという反応を引き出したと結論付ける。すなわち、この古村の手法は、個別具体的な地域生活の経験のなかで熟成された地域住民の評価軸に迫ることが、エコツーリズムを支える理念の相対化を可能にしてくれるひとつの方策であることを教えてくれる。ただし、古村は南大東島の地域生活を自然と地域住民の関わりに限定して理解しまう。しかし、地域生活は自然との関わりのみに限定することはできないだろう。なぜなら、地域生活は「人々の日常生活を成り立たせている総体」（鳥越 1997: 41）であるからである。

本稿はこれらの先行研究に学び、個別具体的な地域生活の経験で熟成された地域住民の評価軸を探るべく、奥泊の地域生活の経験に遡及していく。そのうえで、その地域生活の文脈のなかに埋め戻しながらスクーバダイビングをめぐる出来事を再構成していきたい。

2 奥泊の人々からみるスクーバダイビング

2-1 奥泊の概要

奥泊は、島根県の大山隠岐国立公園内に位置する三〇戸、住民八二人の聚落社会であり[2]、松江市中心部まで車で約三〇分の距離にある（地図1）。日本の農山漁村の例外にもれず六五歳以上の住民の割合は約四二%を占める[3]。

リアス式の島根半島の最北端に位置する奥泊は、小規模ではあるが天然の良港と対馬海流とリマン海流のぶつかり合う山陰屈指の地先漁場に適した海域を持つ漁村である（写真1）。しかし戦前に集落の西側に位置する山を日本軍の飛行場とレーダー基地用地として接収されるなど、中国地方の最北端という地理的条件に翻弄され続けてきた経験を持つ集落でもある。一九六一年に大きな岩を海底に沈めて造成した簡易な防波堤しかなかったが、一九八三年に奥泊漁港内にコンクリート製の防波堤が設置されている。しかし、港が小さなリアス式の谷間に位置するため、船の陸揚げに要する空間に余裕はなく、現在も二〇軒二二隻とほぼ一軒一隻で、また大きさも二二隻中二〇隻が三トン未満である（写真2）。

奥泊の漁業で大きな役割を担ってきたのが、一九四〇年頃に長門から持ち込まれた大敷網《おおしきあみ》（定置網漁）であった[4]。設置した当初は、一〇数名ほどの朝鮮半島からの労働者が働いていたという。当初はワラ縄や麻縄の網だったため、網の交換や修理の陸揚げが頻繁に必要であり経営は安定せず、経営者がたびたび変わっていった。しかし、各戸に小型船が一隻しかない奥泊において、大敷網は家長以外の男性を奥泊に留まらせる働き場として大きな役割を担っていた。しかし、二〇〇四年に大敷網は解散している。

地図１　旧島根町の位置

現在の奥泊の漁業は小型船による一本釣り漁やイカ漁が中心である。奥泊の人々は、地先の海での漁業のうち、船を用いる漁撈を「船に乗る」と呼び、それ以外の素潜りや海藻の採取などの漁撈を「海に出る」と呼び、明確に区分する。主に男性の役割である「船に乗る」漁撈は、一〇月から一二月にはサワラ漁が、一月から五月はハマチ漁が最盛期を迎える。また、イカ類は豊富で、五月から一二月にはマイカやシロイカ、一二月から三月にはヤリイカの漁撈が一年を通して営まれている。主に女性の役割である「海に出る」漁撈は、三月から五月はワカメ、五月から八月は天草、七

写真１　奥泊と周辺施設（海上保安庁資料を基に著者作成）

写真２　小型船のみ陸揚げ可能な奥泊漁港（撮影：著者）

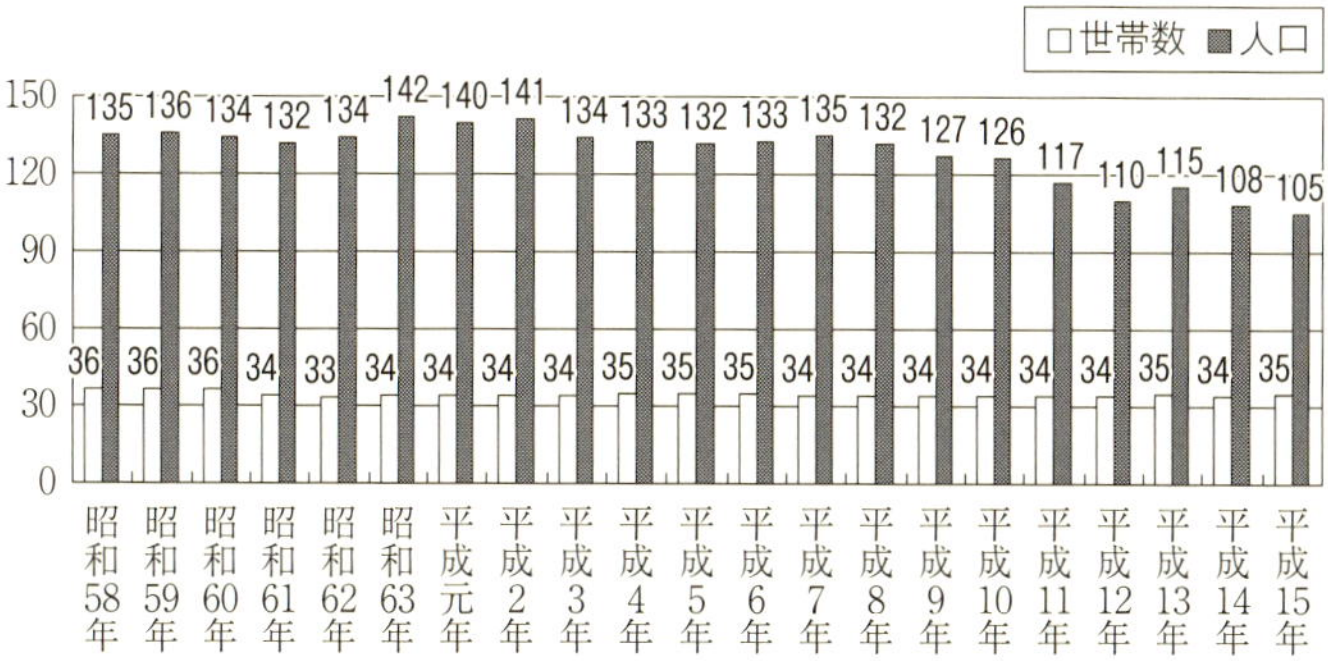

図１　Ｙ集落の人口世帯数推移（出典：住民基本台帳より）

月から一〇月までウニ・サザエ・アワビ、一〇月から一二月までは禁漁期間というかたちで営まれている。このように奥泊では「夏枯れ」と呼ばれるお盆の時期における「船に乗る」漁撈を除いて、一年を通して足繁く地先の海へと向かい、漁港ではその日の獲物を囲みながら一喜一憂する漁師たちの姿が見られる。二〇〇八年一月現在、奥泊でほぼ毎日「船に乗る」漁師は一二名（女性一名を含む）であり、最低年齢が五三歳、最高年齢が七九歳の平均年齢六四・八歳となっている。

　奥泊にバス道路が開通したのは一九六二年のことである。それまで、奥泊につながる自動車が通れるような道はなく、徒歩か船による移動が主であったという。また、ほとんどの船が手漕ぎ船であったこともあり、仲買商が買い付けに来る隣町の漁港まで運ぶ必要から、多くの鮮魚を現金化することは難しく、「船に乗る」男性よりも「海に出る」女性（主に姑）のワカメ・イカ・サザエなどの乾物の行商が現金収入のほとんどであったという。財布の紐を握ってきたためか、奥泊の女性は威勢がよい。行商先である広島や岡山などの「都会」で過ごした集団生活の思い出は、彼女らの恰好の話題となっている。二〇〇九年八月現在でも数名は行商を続けているが、一九六二年のバス道路の開通は地先で獲れた鮮魚を即時に出荷し生計を立てることを可能にしたため、現在では漁業とまちでの「陸働き」が奥泊の主な生業となっている。また、切り立った斜面を利用した自家用畑作（イモや麦の栽培）は、バス道路整備によって姿を消している。しかし、バス道路の開通は奥泊からの人口流出を加速度的に増加させ、若者を中心に多くの人口がまちへと職場を求めて出て行くことになったという。そのため、一九六〇年代後半には奥泊の青年団は活動を休止している。

2-2 奥泊大敷組合の設立とスクーバダイビングとの出会い

一九七四年に、島根町の隣町である鹿島町に島根原発一号機が建設された（表1）。しかし、その漁業補償は温排水拡散範囲の半径一〇キロメートル以内の漁業協同組合が対象とされ、原発から約一二キロメートルに位置する旧奥泊漁業協同組合（仮称：一九九四年島根町漁業協同組合へ合併）は対象から除外された。漁業補償の対象からもはずれ、進行する人口減少の対策として、一九七〇年に奥泊の有志によって大敷網の経営が試みられるが、数年で経営不振に陥り、隣集落に権利と資材は売却された。ところが、一九七六年に再び奥泊で大敷網を経営しようという話が持ち上がる。その中心が当時の奥泊の若頭的存在であった山本氏（仮名：後に奥泊漁協組合長と奥泊大敷組合の漁労長

表1 奥泊をめぐる年表

	奥泊の出来事	漁協、行政区の変遷	島根原発の動き
1974			一号機運転開始
1977	二〇〇海里水域の設定		
1978	奥泊大敷の発足		
1985	スクーバの受け入れ		
1989	民宿営業開始		二号機運転開始
1992			三号機増設立案
1994		奥泊漁協が島根町漁協へ合併	
1998	奥泊大敷の漁獲高が県一位		
1999	「ダイビング構想」立案		
2000	ステーション営業開始		
2001	パーク建設開始		
2002	最後の民宿廃業		
2003			島根町漁協との漁業補償契約終結
2004	奥泊大敷解散 パーク暫定営業開始		
2005	パーク本格営業開始	島根町が松江市に合併	
2006			島根原発三号機起工
2007		JFしまねへ再編	
2010	ステーション閉鎖		

などを歴任）であった。山本氏らは当時の三四全戸で大敷網を経営することを提案する。その経営方法は、三四戸それぞれが借り入れ金一〇〇万円の保証人となり、全戸が一律一株一〇〇万円の株主となる資本金三四〇〇万円の株式会社である。二年がかりの議論の末、一九七八年九月に奥泊大敷組合（以下、奥泊大敷）が発足した。

この「大きな賭け」に乗り出した背景には、一九七七年の二〇〇海里経済水域（以下、二〇〇海里）の設定があった。遠洋漁業に壊滅的なダメージを与えた二〇〇海里の設定は、遠洋・沖合漁業に従事していた多くの奥泊出身者に転職を余儀なくさせていたのであった。

たとえば、奥泊大敷の初代漁労長の能上氏（仮名、一九三六年生まれ）は、「貧しくて貧しくて、小学校は通ったが、中学は卒業証書をもらったか、もらってないかようわからんことになってしまった」が、学校の先生の紹介で「浜田（島根県西部の中心的な水産都市）の遠洋船に乗ることなって、ここを出るときは、港にみんなが送りに来てくれてのー、そりゃ誇らしかったよ。じゃけど、ろくに漢字も書けんし、アルファベットも読めんけーのー、苦労したよね。遠洋は二四時間操業じゃけー、寝にゃーいけん（なければならない）のに、休憩時間に必死に船の中で参考書を広げて勉強してのー、資格をとって船長になったんよ。でものー、二〇〇海里が設定されて、ろくに仕事もなくなって、長男じゃし、奥泊に帰りたいんじゃけど、ろくな仕事もないけんのー。仕方ないけー、工事現場の運搬船を運転しとったんよ[5]」と当時の状況を振り返る。

こうした事態の対処として、奥泊の人々は「奥泊のための職場を創り出す」ことを目的に奥泊大敷の設立を決意したという。そのため、全戸が一律一株の株主となり村外で従事・失業したムラ出身者を呼び集め、船員一二名全員を奥泊の出身者で固めたのである。

一九八三年に建設されたコンクリート製の防波堤は、高潮による船の陸揚げの頻度を減少させた。そのため、船の設備の向上が可能となり、各戸の漁は安定してきた。また、一九八〇年代に入ると、奥泊の民宿に宿泊し釣りや海水浴を楽しむ都会からの「お客さん」がみられるようになってくる。そもそもは、広島や岡山の行商先の家を奥泊の自宅に招待したことにあったという。「毎度世話に

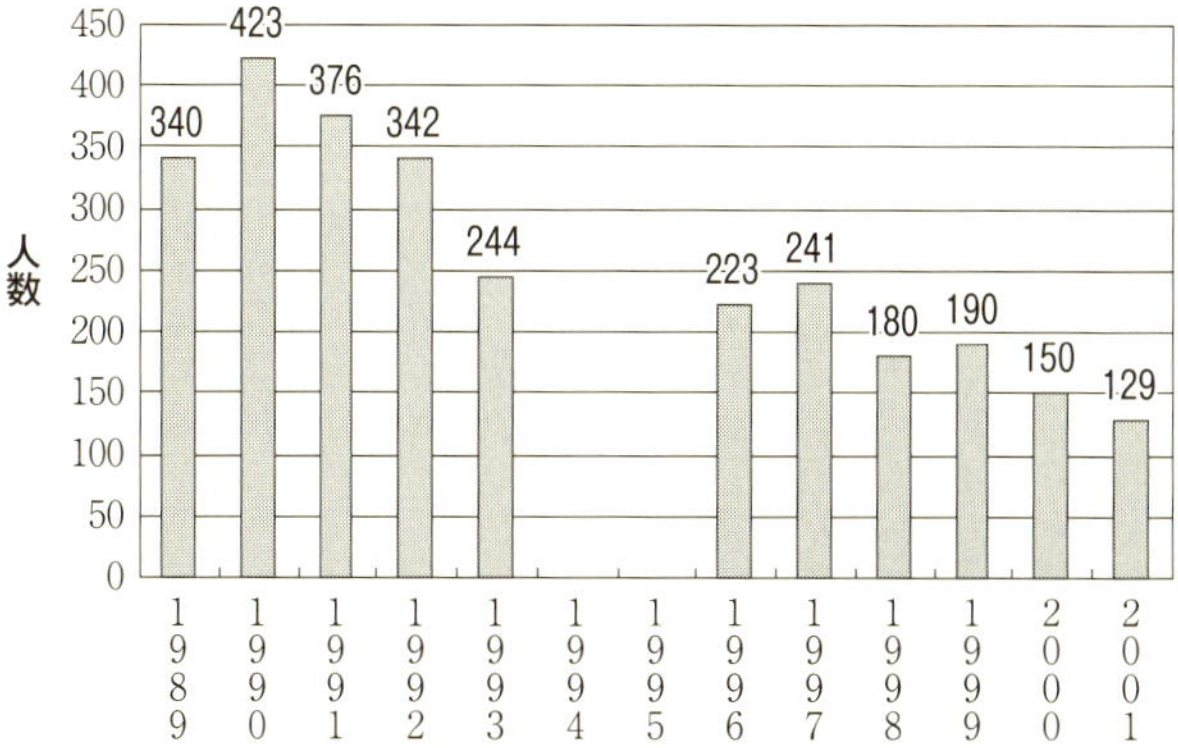

図2　奥泊最後の民宿における宿泊客数の推移
（出典：民宿魚見資料より著者作成）

なってるから、一度遊びに来らっしゃい」と声をかけたという。その行商先の人々の「海はきれいだし、魚もうまい、また友人と泊まりに来ていいか」という声に応えているうちに民宿に発展していったという。一見すると、観光業へと踏み出したようにみえる奥泊の人々の営みであるが、奥泊で最後まで民宿を営んできた女性は自身の経験を次のように語る。

> それがね、民宿のお客さんは不思議に新しい行商先になってくれるのよ。ここのきれいな海を見て、美味い海産物を食べるとね。また来れなくても、魚送ってくれーって、アワビ・サザエ送ってくれーって。行商に行っても、喜んでくれてね。魚が売れるようになるって、次から次にみんなが民宿をはじめたのよ。民宿は宣伝みたいなものよね。

あくまでも家業は漁業であり、その家業を支えるための営みとして民宿や釣り船があったというのである。つまり、観光業に親和的にみえる奥泊の人々の営みは、彼らからみれば家業である漁業の延長として位置づけられていたのである。そのためか、一九九〇年ごろの最盛期には五軒あった民宿も、行商が廃れる時期と同じく二〇〇二年にはすべて廃業している（図2）。

一方で、奥泊大敷の経営は容易に安定しなかった。大敷網の漁獲高を上げるための重要な点は網の管理にある。たとえば、網が魚に見つからないためには定期的な網の清掃が必要であるし、捕えた魚を逃げ出させないためには破損した箇所の補修が必要となる。しかし奥泊大敷の場合、大敷網の仕掛けを一組しか持たないため、海底に張り立てた大きな網を清掃・補修するためには、大敷網を陸揚げする必要がある。しかし、網を陸揚げしている期間はまったく利益が生まれないため、その頃合を計るのが漁労長の腕の見せどころとなるのである。

奥泊大敷の漁獲高が伸び悩むなか、一九八五年、一人の若者が奥泊の地先の海をダイビングスポットとして利用したいと申し出てきた。奥泊のある旧島根町の隣町である美保関町の漁家出身の石本氏（仮名）は、関西圏で自動車整備士として働いていたが、趣味のスクーバダイビングに魅せられ京都府のダイビングショップに転職する。一九八四年、親の病気を機に出身地の美保関町のダイビングショップに転職し、そこで新たなダイビングスポットとして注目したのが、奥泊およびその周辺の海域であった。

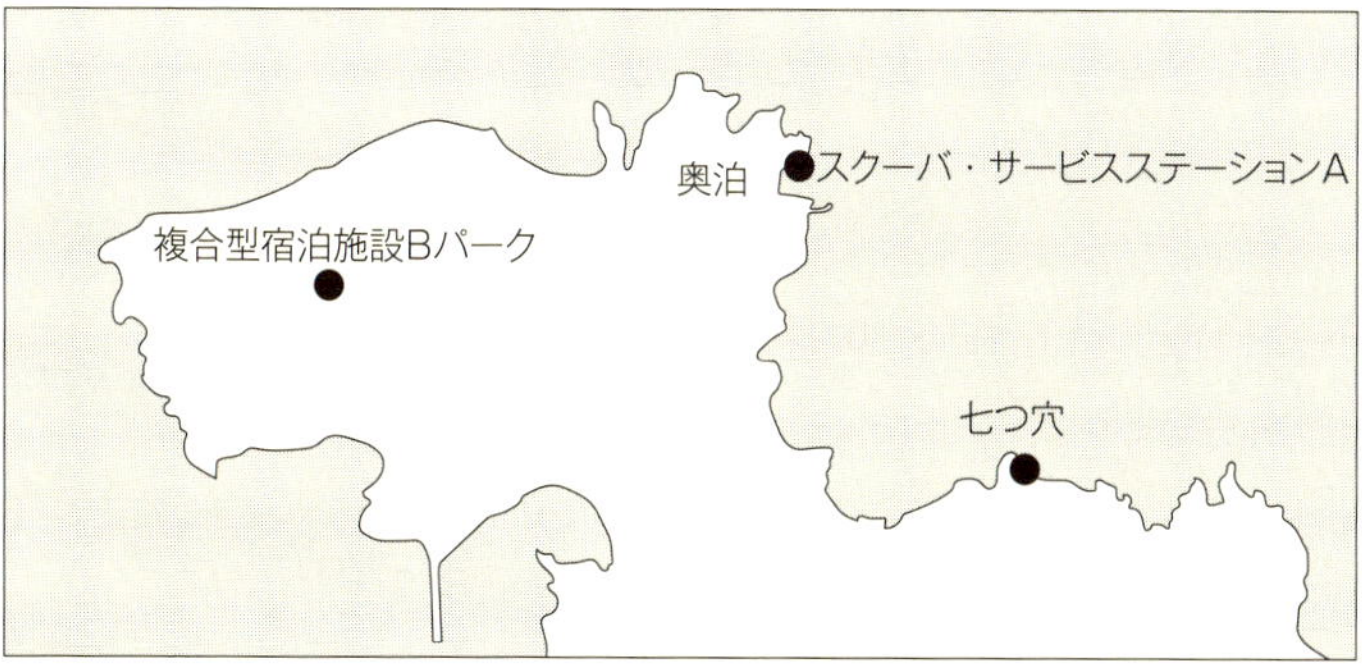

地図２　奥泊周辺の位置関係図（著者作成）

> ここ（奥泊）で暖流と寒流がぶつかるじゃない。サンゴの北限だし、南からも北からも海流にのって回遊魚がいっぱいくるし、ダイビングスポットとしては最高だよ。漁師はみんな高齢だし、子供はみんな陸勤めだし、ダイビングなら海を見せるだけで金になるからって、この辺りを説得しに回ったの。

周辺の集落に懇願して回るなかで、唯一受け入れ姿勢を示したのが奥泊であった。しかし、地先の海のスクーバダイビング利用に際し、奥泊から以下四つの条件が出された。

①　いつでも無料で石本氏が大敷網の水中点検・補修を行うこと
②　貝類・海藻類を捕獲しないという念書を奥泊の全戸に配布すること
③　観光ダイバー一名につき入園料一五〇〇円を奥泊区会に支払うこと[6]
④　奥泊漁港と「多古の七つ穴[7]」を直線で結んだ線（約

七〇〇メートル）の内側のみで遊泳すること（地図２）。

石本氏はこれらの四つの条件を受け入れ、当時勤務していた美保関町のダイビングショップのダイビングスポットとして、奥泊の地先の海を利用し始める。当初は不安視する者も多かった奥泊の人々であるが、受け入れ後は「お嫁さんが来るかもっせん（かもしれない）」、「エアータンクへの空気注入を商売にすりゃ、儲かるかもっせん（かもしれない）」と色々な期待を抱いたという。しかし、かつて奥泊大敷の設立に奔走し、その当時の奥泊大敷の漁労長と奥泊漁協長を兼任していた山本氏が最も重要視したのが「大敷網の水中点検・補修を行うこと」であった（いつからか、石本氏が大敷網の作業で潜水する際、「気持ち」として謝礼金が支払われるようになった）。山本氏は石本氏に当時は大変高価だった水中ビデオカメラを買い与え、大敷網の仕組みを丹念に教え込んだという。スクーバダイビングを地先の海に受け入れる交換条件として奥泊大敷に石本氏を引き込むことは、これまで不可能であった水中での網の点検・補修・清掃を可能にした。最盛期である冬場は、数日置きに「網におる魚（種類、大きさ、暖流魚と寒流魚の比率）が変わった、網が破けちょるか、向きが変わちょるかもっせん、すぐ来てごさん（ください）」と電話が鳴り、石本氏が飛んで来るという関係は山本氏の引退する二〇〇一年まで続いた。ここで忘れてはならないことは、奥泊の人々からみれば、地先の海の「観光的価値」を認識したというよりも、奥泊の皆で食っていくための「大きな賭け」であった奥泊大敷を安定的に運営していくためにスクーバダイビングと結び付いた経緯であろ

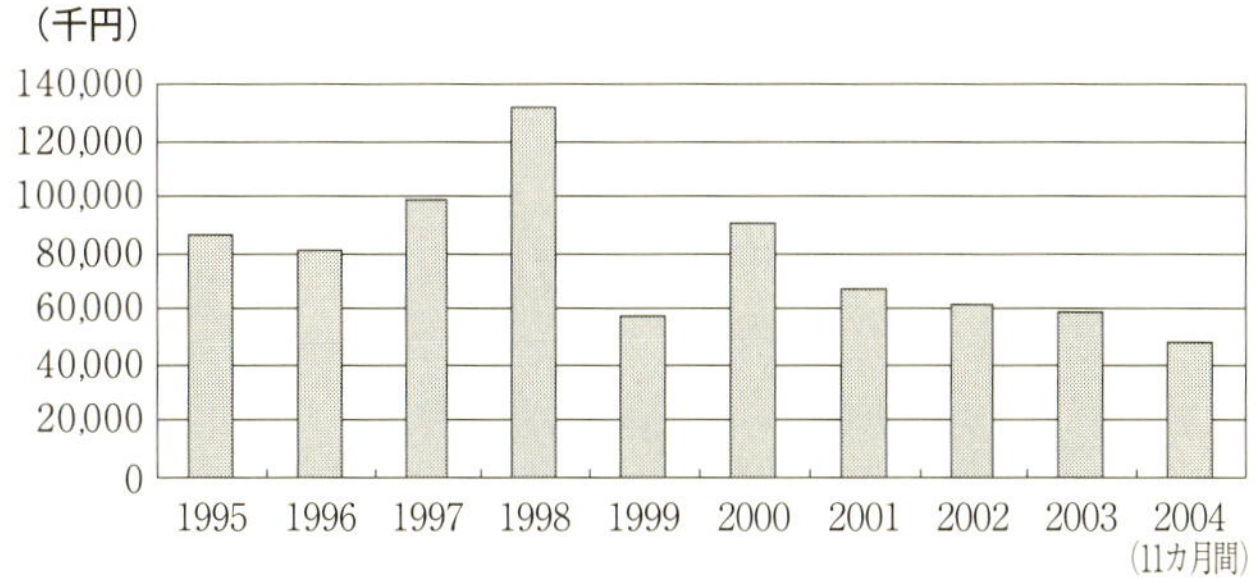

図３　奥泊大敷の水揚げ高

う。

石本氏が奥泊大敷に関わったことが直接的な要因であるかは定かではないが、奥泊大敷は年々漁獲高を上げ続け、一九九八年に定置網として県下一位の水揚げ高を記録する（図３）。その年、漁夫は寝る暇もなく奥泊総出で炊き出しや手伝いが行われ、毎日大量の魚が各戸に「おかずわけ」されたという。一九九八年の配当金は各戸約二〇〇万円、二〇〇四年までの各戸の総配当金は七〇〇〜八〇〇万円といわれ、漁夫の給与を含めると奥泊大敷は多大な経済的貢献を奥泊へもたらした。この活気に満ちた日々は、奥泊の地域生活を語る際に欠かせない話題であり、当時の奥泊大敷の漁夫たちは「あのころは、わしらがみんなを食わしちょった」と誇らしげに語る。

3　奥泊とダイビング構想

3-1　島根町ダイビングセンター構想

奥泊大敷によって集落が活気に満ちた一九九八年の翌年、島根

写真３　スクーバ・サービスステーションＡ（撮影：著者）

写真４　複合型宿泊施設Ｂパーク（出典：島根県 HP）

町と島根町漁業協同組合（以後、島根町漁協）の間で「島根町ダイビングセンター構想」（以下、ダイビング構想）が立案され、同年に奥泊漁港に「スクーバ・サービスステーションA」（以下、ステーション）が建設され、二〇〇〇年四月に営業が開始された。コンクリート製の二階建てのステーションは、かつて船の陸揚げに使用していた空き地（約一〇〇平方メートル）に建設された（写真1、3、地図2）。さらにダイビング構想の中核を担うのが「複合型宿泊施設Bパーク」（以下、パーク）であった（写真1、4、地図2）。そこにはステーションの遠方客をパークに宿泊させ、共に客数を増加させる経営戦略があった。

ダイビング構想は、島根原発の三号機増設に伴う「原子力発電施設等周辺地域交付金」（以下、原発交付金）による開発計画であった。またダイビング構想は、一九九一年を初年度とする一〇ヵ年計画「島根町第二次総合計画」に準拠すべく、「自然を遊び場と考え、手軽に体験できるスポーツ（スクーバダイビング）を取り入れることで」、「観光産業の振興、漁協組織の活性化による水産業の振興及び若者の定住の促進を図り、町の活性化を計る」開発として計画された（出典：島根町商工観光課 1999『島根町ダイビングセンター整備構想』）。つまりダイビング構想は、エコツーリズムの理念である、観光対象となる自然環境へ与える負荷を最小限に抑えることで、その自然環境下で繰り返されてきた生活実践や地場産業は保全され、地域生活には影響が生じないという大前提のうえで計画されたのである。

ステーションの建設・設備費約一億円とパークの建設・設備費約一三億円のうち約八億円が、島根原発からの原発交付金であった。パークは一四棟のロッジ、サイクリングコース、ウォーキングコースを持つ施設として、戦前の日本軍の接収から、米軍のレーダー基地を経て島根町の所有地となっていた奥泊の西側にある山頂約一〇ヘクタールに建設された。二〇〇一年の着工時に日本軍の接収時に残された周辺の土地は買い上げられ、二〇〇四年四月に暫定オープン、二〇〇五年四月より本格営業された。一方、ステーションは石本氏を島根町漁協に新設したマリン事業部の担当職員とするかたちで二〇〇〇年四月に営業が開始された。その際、石本氏は住居を奥泊の隣集落に移した。しかし、石本氏は初年度の赤字を理由に退職し、「株式会社A」を設立して島根町漁協からの委託というかたちでステーションを経営するようになった。二〇〇六年からは、松江市（二〇〇五年に島根町は松江市に吸収合併）の外郭団体である「財団法人島根町地域振興財団」がステーションの指定管理者となり、その傘下で株式会社Aが委託経営となった。ステーションの利用者数は、二〇〇五年四〇七人、二〇〇六年五四九人であり、夏季をピークに中国地方の都市圏を中心に全国から集まる。また、二〇〇九年八月現在までに、奥泊の住人の二人がステーションでライセンスを取得し、数人の奥泊の子供が体験ダイビングに参加したという。

奥泊がダイビング構想の開発対象地区に選定されたことに対して奥泊の人々は、「むかしから（スクーバダイビングも民宿も）やりよるし、今はヤマ（パーク建設用地）もマチ（島根町）の土地だけん、いまさらなんも言えん」、「あのさん達（観光ダイバー客ら）は見ちょるだけで、魚や貝を採らんだけん……」と、島根町漁協内や島根町との協議の場で反対するにも、その拠り所がないため説得に納得する他なかったという。奥泊の人々は、「ダイビング構想」が奥泊を「活用」する現実に対して憤りを込めて「昔から日本は農業の国ゆうて漁業は見捨てられてきた。なのに、次は観光よ。スクーバダイビングは……ここもえらい観光地になってまった」と声にならない声をあげるのである。ここで重要な点は、奥泊の人々にとって「ダイビング構想」が、国や自治体の政策による軍事開発、電力開発（原発）、漁業政策（二〇〇海里水域の設定、漁協再編など）に翻弄され続けてきた経験と連なった出来事として位置づけられているということである。

3-2　ダイビング構想後の奥泊とスクーバダイビング

奥泊の地先の海で展開されるスクーバダイビングは、ただ海中を観光客が見ているだけであり、行為そのものはダイビング構想前後で何も変化はない。しかし、ダイビング構想前後で大きく変化したことがある。ひとつは奥泊という地域空間をめぐるお金の流れであり、もうひとつはスクーバダイビングによって地先の海が利用される形態である。

田舎町には不釣合いな多額の資金（原発交付金）として奥泊でのダイビング構想に投入される一方で、奥泊の各戸に対する漁業補償額は「すずめの涙」であったという。一九九四年の全国規模の漁協再編によって、奥泊漁協は島根町漁協に合併され、奥泊は二〇〇四年の原発三号機の増設で初めて漁業補償の対象となった。ところが、補償範囲の端に位置し、原発と奥泊の間に山があるという地理的条件から、その補償額は一軒あたり一五～七〇万円であった。詳細な金額や支払種目が

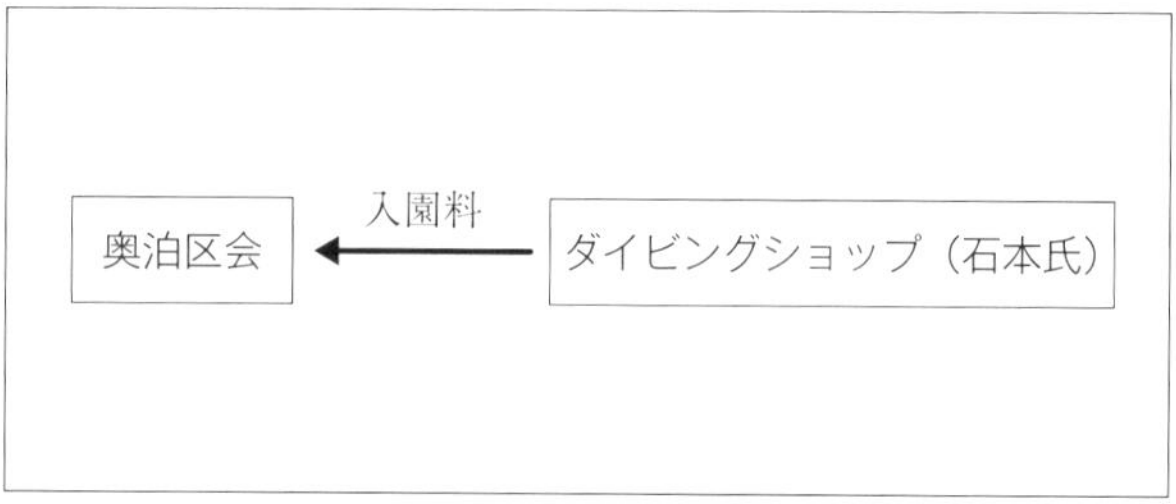

図4　ダイビング構想前（1985～1999年）の地先の海をめぐるアクターの関係性と金銭の流れ

「漁業補償金（各戸）」か「原発交付金（ダイビング構想）」であるかにかかわらず[8]、自らの生命や生活を危険に晒す代償であるはずの原発からの補償金が、奥泊にやってくる際に自分たちではなくスクーバダイビングに大半が流れたという事実は皆周知のことである。また、ステーションが奥泊区会に直接支払ってきた入園料は、ダイビング構想後は経営先である島根町漁協に支払われることになった。そのため、奥泊は結果的に地先の海の観光利用をめぐる金銭的流れからは排除されてしまった（図4、図5、図6）。

　ダイビング構想前は、隣町のダイビングショップから石本氏が観光ダイバー客を連れてくる時期や潜水時間については、奥泊大敷の漁労長と相談のうえで決められていた。当時の石本氏からすれば、奥泊は複数のダイビングスポットのうちのひとつであり、調整が上手くいかない場合は他のダイビングスポットを利用していた。また、当初の受け入れ条件④にあるように、漁港と「七つ穴」を直線で結んだ線の内側のみがスクーバダイビングに利用解放されていた（地図2）。つまり、地先の海のスクーバダイビング利用という点からみれば、時間的にも空間的にも制限されてい

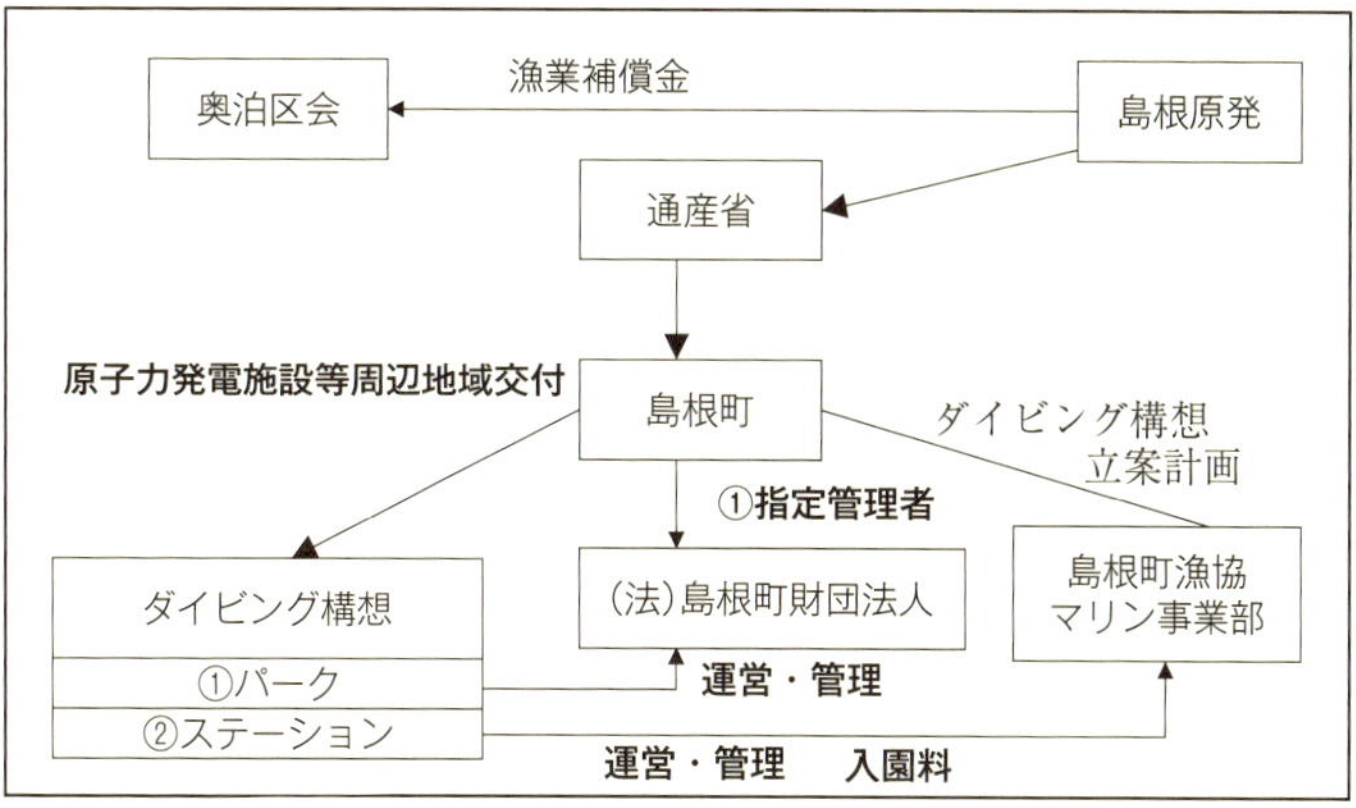

図 5　ダイビング構想直後（2000～2005年）の地先の海をめぐるアクターの関係性と金銭の流れ

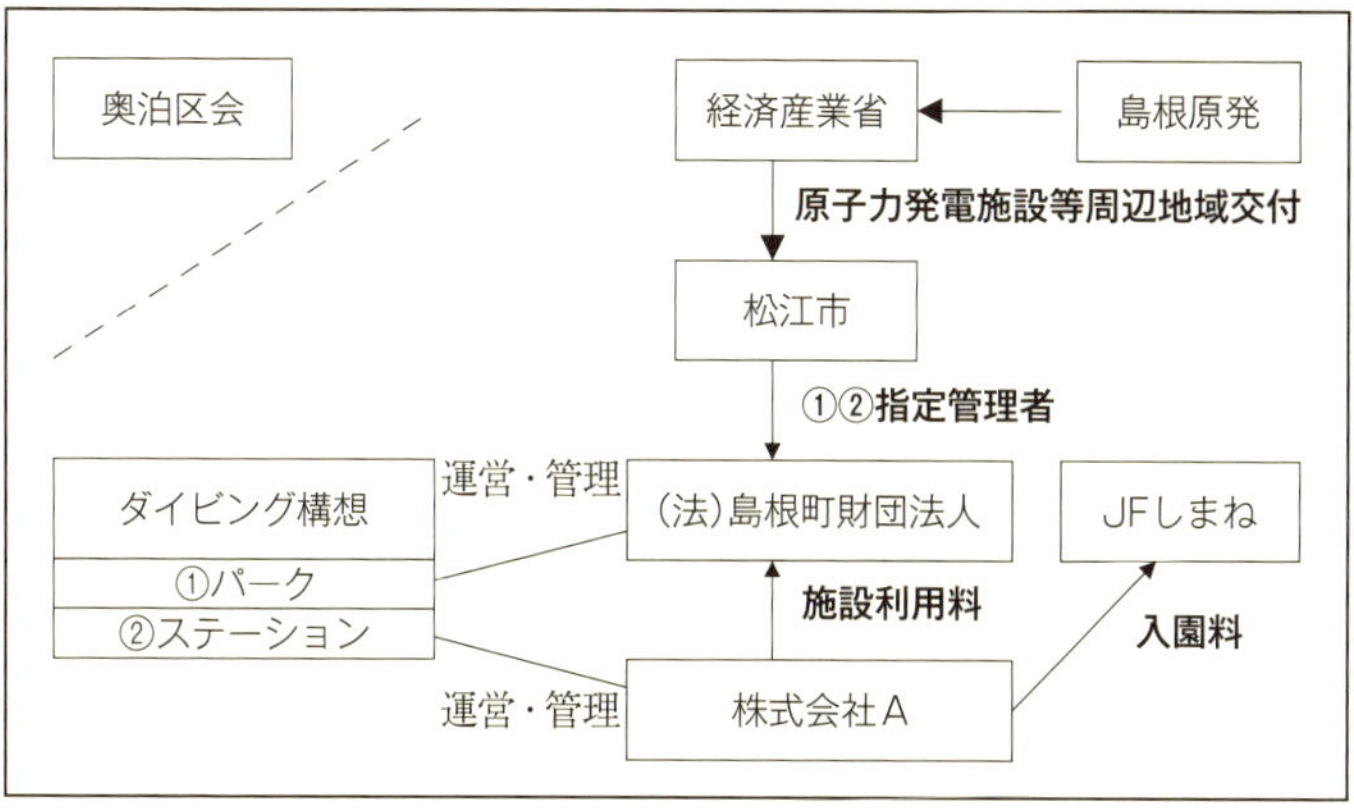

図 6　2006～2010年における地先の海をめぐるアクターの関係性と金銭の流れ

たのである。しかし、ダイビング構想後は、奥泊の地先の海は、行政や漁業協同組合という公的機関によって、いつでもどこまでもスクーバダイビングに利用可能な地域空間として「公認」されたのである。当然、石本氏は奥泊の人々に気を使ってはいるが、「ここだけで経営を成り立たせなくてはならない」状況下において、奥泊の地先の海がスクーバダイビング利用される回数や時間は大幅に増加した。

一方で、奥泊大敷は「ダイビング構想」が立案・実施された一九九九年から年々漁獲高を下げていくことになる（図2）。その理由には、「温暖化か原発か何か分からんが、潮の流れが変わった」、「魚が減った」、「魚は減っていない、漁夫の質が落ちただけ」など様々な言い方がされてきた。奥泊大敷は二〇〇四年の二七期株主総会において全戸一致で解散が決議され、二〇〇五年七月に休業、二〇〇七年八月に解散した。しかし、大敷が赤字を出したのは一九九九年のみで、最終期も黒字は確定済みであった。解散の理由は「よそに金を払う必要はない」というものであった。それは奥泊大敷の働き手の変遷をみれば明らかである（表2）。奥泊大敷で働く奥泊の出身者は、一九九四年は一二人中一一人であるが、二〇〇四年の最終期には一一人中五人（内四人は定年間近）のみで、残りは大字内の他集落から雇い入れている。つまり、結果的に奥泊大敷は奥泊から若者の流出を防げなかったのである。それは、一期五五歳、一五期七〇歳と定年を段階的に延長している事実からも分かる。しかし、奥泊大敷は「奥泊のための職場を創り出す」という、奥泊の奥泊による奥泊のための地場産業としてあったことは、その設立から解散まで首尾一貫していたのである。

表２ 奥泊大敷の船員の変遷

船員	出身	1994	1995	1996	1997	1998	1999	2000	2001	2002	2003	2004
1	奥	◎	◎	◎	◎	◎	◎	◎	◎			
2	奥	○	○	○	○	○	○					
3	奥	○	○	○	○	○	○					
4	奥	○	○									
5	大	○	○	○								
6	奥	○	○	○	○	○	○	○	○			
7	奥	○	○	○	○	○	○	○	○			
8	奥	○	○	○	○	○	○	○	○	○		
9	奥	○	○	○	○	○	○	○	○	○	○	
10	奥	○	○	○	○	○	○	○	○	○	○	○
11	奥	○	○	○	○	○	○	○	○	◎	◎	◎
12	奥	○	○	○	○	○	○	○	○	○	○	○
13	奥		○	○	○	○	○	○	○	○	○	○
14	奥				○	○	○	○	○	○	○	○
15	大			○					○			
16	大							○	○	○	○	○
17	大							○				
18	松							○				
19	大								○			
20	大									○		
21	大									○	○	○
22	大									○		
23	大									○		
24	大										○	○
25	大										○	○
26	大										○	○
27	大										○	○

船員番号は就職年順 ◎は船長 奥：奥泊 大：奥泊を含む大字 松：松江
（出典：奥泊大敷組合資料より著者作成）

二〇〇九年八月現在、ステーションの経営者である石本氏と奥泊の人々との間では日常的な情報交換や漁獲物のお裾分けがある一方で、観光ダイバーと奥泊の人々の間との日常的な関わりはほとんどない。しかし、彼らが関わる機会が設けられていないわけではない。石本氏は、ステーションの運営当初から、奥泊の人々と観光ダイバーが共に集う機会として、地先の海で海中海岸清掃とヒラメの放流を行う「海の大掃除」イベントを開催し続けている。ところが、奥泊からの参加者数は、初年一〇名、二年目三名、三年目には〇名となった。この三年目以降、奥泊の人々が「海の大掃除」に不参加を続ける事実は、彼らにとってステーションが身近な存在ではなくなっていったことを示している。

石本氏は二〇〇〇年に住み始めた奥泊の隣集落から、二〇〇五年に松江市市街地に住居を再び戻した[9]。観光スクーバダイビングのシーズンである夏季以外の季節は、現地では広く知られるようになった定置網の点検・補修作業を出雲市から米子市にかけて一〇箇所以上の定置網で請け負いながら、年収の約半分をそこから得る日々を石本氏は営んでいた。ところが二〇一〇年のある日、ステーションへの出勤時に自動車が大破する大事故に遭い、脊髄に重度の損傷を受けた石本氏は首から下が動かせない身体となってしまう。石本氏の引退後、ステーションを指定管理している財団法人は、新たなステーションの運営者を求め、中四国を中心に可能な限りの事業者に声をかけたという。しかし視察に奥泊を訪れたどの事業主も、あからさまな反対の言動や港の扱い方などで非協力の姿勢を打ち出す奥泊の人々に臆し、手を挙げることはなかったのである。その結果、二〇一〇年以降、ステーションには原発交付金によって揃えられた最新のスクーバダイビング用品がそのままの状態で閉鎖されており、宿泊所やキャンプ場としてパークのみが開業している。

では、なぜ奥泊の人々は、集落内にあるステーションが廃墟となることを承知で、スクーバダイビングをこれまで同様に受け入れることを選択しなかったのであろうか。そこで以下では、奥泊の人々にとっての地先の海の意味に迫るべく、地先の海をめぐる地域生活とその経験に着目していきたい。

4　奥泊の人々にとっての地先の海

4-1　地先の海を利用する権利資格

漁業の操業には、共同漁業権の権利主体である漁業協同組合に加入する必要がある。つまり、法的には漁業同組合に加入するための出資金を支払った個人であれば、誰でも許認可され操業できるのである。ところが、奥泊の人々は出資金を「株」と呼び、「株はイエのものだ」と説明する。実際に、松江のスーパーマーケットで一〇代から定年まで勤め上げ二〇〇七年に奥泊に帰ってきた斉藤さん（仮名）や、現在は奥泊の家を空き家にして松江で暮らす東出さん（仮名）も「あのイエは株を持っているから」という理由で、ごく自然に地先の海で「船に乗ったり」「海に出たり」している。また、これまでの新規「株」購入者はすべて奥泊の出身者で占められている。つまり、奥泊の人々にとって地先の海で漁撈を行う権利は、現在でも区費を支払い、「株」を持っているイエの構成員でなければ継承することはできないのである。このように、奥泊の論理においては、地先の海を利用する権利資格は、奥泊を構成するイエに限定させるという閉鎖性とそのイエの構成員であれば誰でも漁撈が行えるという開放性を両義的に持ち合わせている。この「株」制度は限られた地先の海の資源を枯渇させることなく、皆の日々の暮らしを保障する「しかけ」として捉えることができる。

4-2 「出戻りの海」

斎藤さんのように、定年後に「株」制度を拠り所に、漁業を営むことは奥泊では当然のことである。二〇〇九年八月現在、奥泊で毎日漁へと出かける漁師は一二名（女性一名）で、その男性一一人全員が「出戻り」である。また、奥泊大敷の奥泊出身の漁夫の場合も、一九九四年一一人中七人、一九九九年一二人中九人、二〇〇四年五人中五人が「出戻り」である。いわば地先の海は「出戻りの海」なのである。しかも、それは昔からだと古老たちは語る。その根拠は、小さな漁港という空間条件に規定された一軒一隻の構造にある。[10] つまり、家長以外の男性は嫡系長男であろうとも、家長が船に乗るかぎり他で仕事を探すほかかない。そのため、家長が百命ならば、息子達は近隣のイワシ漁船や定置網に従事するか、遠洋・沖合漁業やまちへと出稼ぎに出る。姑と妻は海産物を干して行商へ出かける。船が空けば息子か婿が船に乗り、世代交代が行われる。つまり、イエ経営を地先の漁業と後継のイエ成員の小経営に区分し、イエ生活のサイクルに応じた村落社会構造を組み上げてきたのである。

一方で、豊漁と健康を祈る祭りを担ってきた男性のみの地域住民組織である「宮まわし」は、二〇〇六年を最後に消滅した。また、年末に集落全員で飲み明かす忘年会も二〇〇五年が最後となった。このように人口流出は暮らしの彩りを失わせ、様々な機能不全をもたらす。それを危惧したからこそ、奥泊の人々は一戸一〇〇万円の借金による奥泊大敷の設立という「大きな賭け」によって人を留め、呼び戻そうとしたのである。しかし、結果的に奥泊大敷で人口流出を止めることはできなかった。

けれども、地先の海が出戻りの海であるという空気は静かに還流し続けている。二〇〇九年八月現在、奥泊に住んでいる「陸働き」をしている男性一二人中九人が休日に漁撈を行い、また、盆や正月には全国から帰郷した男たちが船に乗り、晩の食卓に彩りを添える。それは、古老たちにすれば、自分たちがそうであったように、地先の海の潮・漁場・海底などの「お勉強」であるという。今は全国に散る彼らもいつかは戻り、漁師となり出戻りの海は繰り返されていくと、古老たちは淡々と語るのである。

地先の海をめぐる彼らの具体的な実践をつぶさにみると、有限な地先の海を枯渇させることなく最大限活用するための民宿経営、奥泊大敷、株制度といった「しかけ」が浮かび上がってくる。地先の海に埋め込まれた幾重ものしかけによって、地域生活を再編していく「しくみ」が紡ぎあげられている。つまり、奥泊の地先の海は、漁業資源や観光資源であるだけでなく、地域生活の再編を母体となる「生活の海」なのである。

4-3　生活の海とスクーバダイビング

奥泊は、中国地方の最北端という地理的条件から、戦前からの軍事開発、電力開発（原発）、ダイビング構想など国家・自治体と固く結びついた政策に晒され続けてきた。そのため、奥泊の人々は、これまで奥泊の地域生活を保障してきた生活の海を維持・確保できなくなるかもしれないという危機感を根底に抱え続けてきたといえよう。

そうした解釈を前提としたうえで、これまでの奥泊とスクーバダイビングとの一連の関係を生活の海を軸に整理すると、次のようになる。奥泊の人々は、奥泊大敷に活用できるか否かという評価軸からスクーバダイビングを判断し、生活の海に石本氏を受け入れた。また、石本氏もこの奥泊の論理を受け入れ、奥泊大敷を一六年間も手伝い続け、スクーバダイビングは生活の海を保障するひとつの「しかけ」として奥泊には定位し続けた。

一方で、ダイビング構想は、地先の海を漁場やダイビングスポットといった経済的資源としてのみ捉えるのである[11]。さらに、ダイビング構想を支えるエコツーリズムの理念は、スクーバダイビングによって地先の海が物理的に保全される（漁業資源として保全される）ことを、奥泊の地域生活と安易に結び付ける。つまり、地先の海を漁場として保全さえすれば、奥泊の地域生活は保障されると外から見立てるのである。その結果、ダイビング構想によってスクーバダイビングは、生活の海を支える「しかけ」から切り離されてしまったのである。

したがって、生活の海という評価軸からスクーバダイビングを評価する奥泊の論理からすれば、ダイビング構想を契機にスクーバダイビングが生活の海を支える立場から、「開発」を支える立場に転換したとみえるのである。そのため、奥泊の人々とスクーバダイビングの間に軋轢が生じたのである。

5　両義的存在としての持続的スポーツツーリズム

本事例は、結局は奥泊の人々も石本氏もダイビング構想をはじめとする大きな力に翻弄され続けてきただけと理解することもできよう。けれども、むしろ、奥泊の人々は大きな力に翻弄される日々と、日々の暮らしとの間を切り離し、日々の暮らしを繰り返すことで、淡々と地域生活の再編の母体となる生活の海を保持している。そして、日々の暮らしの繰り返しを下支えしつつ、そこから熟成してきた「ここで共に生きる」という奥泊の論理こそが、持続的スポーツツーリズムを支える理念への懐疑に向かう契機となるのではないだろうか。[12]
これまでのエコツーリズムは、「自然環境の観光であり、自然環境を保全し、地域住民のよりよい生活を維持する」（国際エコツーリズム協会）ものと理解されてきた。すなわち、自然環境保護によって地域住民の暮らしは保全される、という前提のうえに議論や実践が展開されてきたといえる。しかし、本章が主張したいことは、その前提となっている論理を絶対視し疑いを持たないことは、地域生活を再編していく社会的な「しかけ」と「しくみ」に配慮しない開発を正当化させる可能性がある、という点である。

過度の一般化は慎むべきであるが、本事例から導かれる持続的スポーツツーリズムの特性について述べると次のようになる。持続的スポーツツーリズムは、専用空間や施設を必要としないため、その地域空間の物理的環境の保全を可能とする。しかし、その特性があるがゆえに持続的スポーツツーリズムは、その地域空間を資源化する「開発」の権力性を地域住民の生活保全に転換させ、結果的に「開発」を正当化させる両義的存在としてあるのではないだろうか。

終章

持続的スポーツツーリズムと人々の創造的営為

本書は、いったいなぜ、持続的開発の理念を踏まえたはずの持続的スポーツツーリズが地域生活と齟齬をきたすのか、という問いから、持続的スポーツツーリズムと地域生活が切り結ばれるありようをモノグラフとして描き出してきた。そのための手順として「空間定義の二重化」を基軸とする見取り図から、地域空間がスポーツ空間として新たに意味づけられることで生じる「空間紛争」に光を当ててきた[1]。

これらのモノグラフからは、持続的スポーツツーリズムが政策的に計画されていくプロセスや、それを規定するマクロ分析に不十分な点が散見されよう。その不十分さを自覚しつつも、本書はあえて地域空間に視座を定めることで、「持続的開発」の理念を踏まえたはずの持続的スポーツツーリズムが地域生活と齟齬をきたすメカニズムに迫ろうとしてきた。その狙いは、具体的な地域空間に埋め込まれた人々の経験に学ぶことで、今日に支配的な開発観・社会観を問い直すためであった。そのため、事例分析や記述の中心を、持続的スポーツツーリズムを実践・支援する集団や個人のみならず、それを受け入れる人々の経験にも押し広げて四つのモノグラフを記述してきた。これらは一元的な論理を押し当てることによって理解できるものではなく、個別具体的な文脈と切り離して語ることができないからこそ、それぞれを独立したモノグラフとして描きだしてきたのである。ここからは過度の一般化は慎みつつも、本書のモノグラフから明らかになった点を確認していきたい[2]。

1　内包される空間定義の二重化

四つのモノグラフを通じて改めて確認できることは、持続的スポーツツーリズムとは特定の地域空間と不可分な社会実践であるという点である。たとえば、4章に登場したサーフィンも5章に登場したスクーバダイビングも、どちらも海を利用するエコスポーツであるが、それぞれに適したサーフポイントやダイビングスポットと呼ばれる地域空間が不可欠である。海は広いが、エコスポーツは、どこでもない非常に限定された「ここ」でしか実践することができないのである。そのため、本書に登場したどのモノグラフにおいても、持続的スポーツツーリズムは地域空間を独占的にではなく、そこを地域生活に利用してきた人々との関わり合いのなかで利用している。広大な原生自然が現存する大陸とは異なり、日本のように手つかずの自然がほとんどない環境下での持続的スポーツツーリズムは、そこを利用し続けてきた人々との関わり合いのなかで利用することが現実のようである。そのため農山漁村のような地域空間を、そのエコスポーツの種目に応じたスポーツ空間として新たに意味づけることは不可避に「空間定義の二重化」を生じさせる。つまるところ、どんなに「持続的開発」という現代的な理念に装いを変えたとしても、地域生活に利用してきた地域空間を、外部からスポーツ空間として新たに意味づけるという「意味の位相」においては、かつてのリゾート開発と持続的スポーツツーリズムに変わりはないのである。

さらに5章の事例がその典型であるように、持続的スポーツツーリズムが政策によって地域開発のツールとして用いられるとき、「空間定義の二重化」が「空間紛争」として地域社会に顕在化してくる場合がある。自然環境保全や持続的開発の理念が浸透した現代において、開発側が対象とした地域空間から地域生活を排除しない方向性を模索する場合、有効な手段のひとつとして持続的スポーツツーリズムが登場する。しかしここで重要な点は、持続的スポーツツーリズムが内在する「空間定義の二重化」の存在が熟考されない点である。5章がその典型であるように、「持続的開発」の理念の「正しさ」や「新しさ」ゆえに、既存の地域生活よりもスクーバダイビングの空間定義が正統性を獲得し、スクーバダイビングが優先的に地域空間を利用し始める場合がある。それを「権力の位相」で起きる「正統性をめぐる争い」と呼んだのである。「行為の位相」においてはまったく問題のない持続的スポーツツーリズムが、地域社会に「空間紛争」を引き起こしていくメカニズムは上記のように理解できよう。

このように四つのモノグラフを俯瞰してみると、気づかされる点が大きく二つある。ひとつが、持続的スポーツツーリズムとは「空間定義の二重化」を常に内包している社会実践であるということ。もうひとつが、そうであるからこそ「空間定義の二重化」を「空間紛争」として顕在化させないための人々の創造的営為もまた垣間見えることである。

2 持続的スポーツツーリズムと棲み分ける人々

一般的に、地域空間の利用をめぐる問題が生じた場合、多様な利害関係者の意見を一致させる「合意形成」が必要であるとされている（土屋 2008）。ところが現実には、4章の事例が示唆的であるように、各々の経験に根付いた空間定義を統合する合意形成は難しいようである。サーファーが波を好めば、漁民はそれを嫌うのである。そこで、人々は、話し合いによる合意形成とは異なった方法で、持続的スポーツツーリズムをめぐる「空間定義の二重化」に対応している。

たとえば2章を振り返ってみると、たいへんに奇特な人々の遍路小屋の再建という実践には、もうひとつのストーリーが存在していた。それは「地域生活の時空間」とは切り離された「観光の時空間」の再興という側面も持ち合わせた実践でもあった。3章の手賀沼トライアスロン大会の場合では、年に一度だけ手賀沼の一部を開放するという限定された利用だからこそ、手賀沼漁協は手賀沼をトライアスロンが利用することを承認していた。これらからうかがえるのは、人々が状況に応じて、空間的にも時間的にも「棲み分け」ることで「空間紛争」を顕在化させないように対応している姿である。

この現場レベルで繰り広げられる棲み分けという実践であるが、実は「観光公害」が広く認識され始めた近年においては、「観光文化論」を中心に議論されてきたテーマでもあり、特に目新しいわけではない（足立 2015）。たとえば、観光人類学者の橋本和也（1999）はフィジーの伝統文化の観光化を事例に、観光化から逃れられないならば「観光者と関わる時間・空間を日常的な生活時間・空間とは別なものと」し、「生活の次元から離れたところに〝観光文化〟を創出することで〝観光〟から生活を守る」必要があるとしている。また川森博司（2001）も、「〝ふるさとイメージ〟が全国レベルのメディアによって発信され、地域社会に押しつけられるという状況」においては「〝観光文化〟は、支配的な力が日常生活に容赦なく浸透してくることに対する防波堤として機能する」とし、積極的に地域生活と観光を区分し棲み分けることを肯定している。また、ピーター・マーフィー（Murphy 1985, 2004）に代表されるように、欧米のサステーナブルツーリズム論においても、戦略的に観光スポットを限定させることでローカルコミュニティから観光を分離して棲み分けることは、コミュニティへの負荷の軽減のみならず、ローカルビジネスの成長にも繋がると積極的に支持する議論がある。

この棲み分けという実践は、いわゆる観光公害に対応するには現実的な有効策であるように思う。本書の事例地のように、来訪者がある程度は固定されやすい持続的スポーツツーリズムであっても、話し合いによる合意形成よりも現実的な選択として棲み分けを実践している実態がある。しかし一方で、本書のモノグラフから浮かび上がってきた棲み分けという人々の実践は、観光文化論やサステーナブルツーリズム論において議論されてきた棲み分けとは決定的に異なる点がある。[3]

まず、持続的スポーツツーリズムに固有の棲み分けの関係を考えなくてはならないことを、本書に登場する人々の経験は教えてくれる。それは、エコスポーツの空間利用特性によって棲み分け方を工夫しなくてはならなかったり、時には棲み分け不可能な状況が生じたりするということである。たとえば、線的な空間利用をするウォーキングの場合であれば空間的な側面が濃い棲み分けが有効的であること（2章）、年一回の開催というスポーツイベントをめぐっては時間的な側面が濃い棲み分けが自然に成り立つこと（3章）、面的に海面を利用するスクーバダイビングであれば空間的にも時間的にも制限を取り決めた棲み分けが必要なこと（5章）である。つまり、ひとえに棲み分けといっても、人々はそれぞれのエコスポーツの空間利用特性に合わせて、空間的・時間的な棲み分けに濃淡をつけながら状況に合わせた対応をしているのである。

次に、持続的スポーツツーリズムだからこそ、棲み分けできない状況が生じることを、人々の経験は教えてくれる。その状況とは大きく二つあるようである。ひとつが4章のように、そのエコスポーツと地域生活が必要とする地域空間が常時重なり合うことで、時間的にも空間的にも棲み分けることが不可能な場合である。もうひとつが、5章のように、持続的スポーツツーリズムが政策などに採用されることで空間利用の正統性を「公」に獲得し、特定の地域空間を常態的に利用し始める場合である。つまり「権力の位相」における「正統性をめぐる争い」とは、権力の介入によって棲み分けという現場レベルでの解決策が実施不可能となる状態を指しているのである。

3　持続的スポーツツーリズムを在地化する人々

しかし棲み分け困難な状況においても、人々は持続的スポーツツーリズムを野放しにすることなく飼いならそうとする。では、どのようにして人々は持続的スポーツツーリズムを飼いならし、「空間定義の二重化」を潜在化させているのであろうか。そこで本書の当初の問いである「いったいなぜ、持続的開発の理念を踏まえたはずの持続的スポーツツーリズムが地域生活と齟齬をきたすのか」に再度立ち戻って考えてみたい。

観光文化論やサステーナブルツーリズム論において議論されてきた棲み分けとは、いわゆる観光公害から地域生活を守るという文脈から、その必要性や有効性が議論されてきた。つまりそこでは、「観光」と「地域生活」はあらかじめ対立する概念として理解されてきたのである。しかし本書のモノグラフから浮かび上がってきたのは、人々がこれらを対立させることなく、表裏一体のものとして捉えている事実であった。言い換えれば、地域生活と縫合されたものと人々に認識されているからこそ、持続的スポーツツーリズムは受け入れられているのである。また、そのように認識されなくなれば切り離されていく。

たとえば2章の場合、松尾の人々からすれば、遍路小屋を建設・管理したりウォーキングイベントを支えたりする活動とは、子供たちが戻りたくても戻れない限界集落化した状況下で、自分たちが支え合って生きていく関係を強化・維持したり、日々の生活に彩を与えたりする場として存在していた。だからこそ、彼女らはウォーキングイベントに関わっているのである。また3章の場合、手賀沼南岸の農家の生活を保障し続けてきた手賀沼漁協からすれば、「日本一汚い沼」という農家の生活課題であった負のイメージを刷新する便宜的対処としてトライアスロン大会を位置づけていた。だからこそ、彼らはトライアスロン大会を手賀沼で開催することを承認しているのである。また4章の場合、大浦の人々からすれば、空間利用をめぐって軋轢関係にある移住サーファーを受け入れる実践とは、大浦の地域生活を根底から支えるテイチの慢性的な若年労働力不足を解決することであり、他方で移住サーファーという属性に収まりきらない仲間の生活上の困難を解決することでもあった。空間利用をめぐる軋轢とは切り離された、たいへんに日常的な生活課題への対処として存在しているからこそ、都会から来た移住サーファーの多くが漁船に乗り込んでいるのであった。さらに5章の場合、奥泊の人々からすれば、全戸が一〇〇万円の借金をしてまで集落の存続をかけて設立した奥泊大敷の経営の安定を図るために、先祖代々利用し続けてきた「地先の海」にスクーバダイビングを受け入れたのであった。より具体的に述べれば、無料でいつでもダイバーが大敷網の網替えや水中補修を行う交換条件として、スクーバダイビングの受け入れは存在していたのであった。

このように人々は持続的スポーツツーリズムと地域生活を明確に区分し、時には棲み分けつつも、持続的スポーツツーリズムを地域生活の文脈に縫合させているのである。本書では、人々が地域生活を再編していく「しくみ」に持続的スポーツツーリズムを組み込む営みを「在地化」と呼びたい。そして、この在地化の営みによって持続的スポーツツーリズムがこれまで地域生活に利用されてきた地域空間を「そのまま」利用することで生じる「ここは何のための地域空間なのか」という「空間紛争」は、結果的に潜在化していく。

ここで確認しておく必要があるのは、在地化という営みは、あくまでも地域生活の充足を志向する営みである点である。つまり在地化とは、開発側が期待する波及効果やスポーツや観光の振興を志向する営みではなく、「ここで無事に共に暮らしていこう」という人々の思いによって突き動かされている営みなのである。[4] 本書のモノグラフを振り返れば、残された私たちだけで無事に暮らしていこうとする志向（2章）であったり、皆の生活を守っていこうとする志向（3章）であったり、仲間の暮らしをなんとか成り立たせてやろうとする志向（4章）であったり、集落の皆で無事に暮らしていこうとする志向（5章）であったりする。その志向は、社会的上昇や経済的上昇に向かうものではなく、その土地で共に暮らし続けようとするものであった。そのための「しかけ」として持続的スポーツツーリズムは位置づけ直されているのである。[5]

ただし、この在地化を人々の創造的営為として手放しに賛美することはできない。なぜなら、在地化という営みの前提にある「空間定義の二重化」はそのままであるからである。つまり在地化とは、ある種の「落としどころ」といった、一時的に落ち着いた均衡状態なのであり、決して問題解決にむけて階段を上っていくような営みではない。そのため、5章の事例が示唆的であるように、政策など大きな外圧によって均衡状態に何らかの変化が生じた場合、地域空間のスポーツ利用が一気に加速する状態に移行する場合もある。現代の農山漁村は、地域活性化や環境保全という社会的善をおびたイデオロギーに晒され続けている。在地化とは、その具体的現れである持続的スポーツツーリズムという外圧に強いられたなかでの創造的営為なのである。[6]

食のグローバル化が浸透した現代社会において、農山漁村の社会的役割の変化という避けがたい社会変動のなかで生き抜くために用いられる生活の知恵のひとつとして在地化はある。ところが往々にして、現実に在地化され展開されている持続的スポーツツーリズムを研究者が語るとき、それを人々の経験と知恵が織り出す産物としてみず、持続的開発の理念に安住した予定調和的な「成功例」として創り上げていく。持続的スポーツツーリズムの「行為の位相」だけをみていては、持続的開発の理念に閉じられた世界観・開発観を無批判に増殖させてしまう。だからこそ、通念とは異なる地点から世界を描き出す必要がある。その有効的な方法のひとつとして、そこに暮らす人々に近いところから世界を描き出すことがある。

本書に登場する人々の経験から浮かび上がってきた在地化という創造的営為は、持続的スポーツツーリズムを支える持続的開発の理念を再考するきっかけを与えてくれる。なぜなら、在地化とは、経済活動やスポーツツーリズム活動の〈持続性〉ではなく、そこで無事に暮らし続けるという〈持続性〉を志向している人々の意識の現れだからである。そうであれば、「持続的開発」が志向すべき〈持続性〉とは、地域生活の無事を保障し続けていく志向やそのためのしくみと切り離してはならないということを、私たちは学ぶべきではなかろうか。

グローバリゼーションという普遍主義的な思想は、自由競争という名のもとに、自然を糧に暮らしてきた人々に対して限界を超える自助努力を強いる。さらに、地域経済の活性化のためにと、温情的に農山漁村を消費空間（観光やスポーツの空間）として新たに価値づけていく。この勢いを増していく現代的潮流の末端で、人々はどのように地域生活や生産空間（農地や漁場）を維持存続しているのだろうか、その創造的営為を描き出すと同時に、その自助努力の限界も描き出す必要があるだろう。本書は、持続的スポーツツーリズムという限定された切り口ではあるが、現代農山漁村を舞台とした創造と限界のモノグラフの試みとしてある。

注

【序　章】

［1］岡本純也（二〇一〇）によれば、二〇一〇年一月に溝畑宏氏（前大分トリニータ代表取締役）が二代目長官に就任して以降、観光庁（二〇〇八年一〇月発足）の重点政策として「スポーツ観光」「スポーツツーリズム」が取り上げられているという。同年五月には、「スポーツツーリズム推進連絡会議」が設置され、スポーツを観光資源として振興していこうとする国策的な動きが近年急激に活発化しているという。

［2］詳細は、日本経済新聞　電子版（二〇一三年三月一四日）「東京マラソンに巨額の経済効果二七〇億円の内訳は」を参照。
http://www.nikkei.com/article/DGXNASDJ1201D_S3A310C1000000/

［3］たとえば、二〇一六年六月二三日現在、スポーツエントリー（https://www.sportsentry.ne.jp）から登録可能な／だった国内開催のマラソン・ランニングイベントだけでも、二〇一五年八月（一一七大会）九月（二〇六大会）一〇月（二三四大会）一一月（二二四大会）一二月（一六五大会）二〇一六年一月（一四三大会）二月（一四一大会）三月（一九九大会）四月（一七四大会）五月（一七八大会）六月（一二六大会）七月（一二三大会）となっている。

［4］二〇一六年六月現在、日本ロングトレイル協会に加盟済のトレイルは一三トレイル、整備・計画中の

トレイルは、五トレイルである。

[5] たとえば、『スポーツツーリズム推進基本方針』の冒頭には、「スポーツツーリズムは、日本の持つ自然の多様性や環境を活用し、スポーツという新たなモチベーションを持った訪日外国人旅行者を取り込んでいくだけでなく、国内観光旅行における需要の喚起と、旅行消費の拡大、雇用の創出にも寄与するものである。」とされている。また、原田宗彦と木村和彦は、「国土の三分の二が山や森に囲まれている日本は、実は、アウトドアーの宝庫である」（原田・木村編 2010: 21）と述べ、これまで生活実践や生業の場所であった自然環境をスポーツツーリズムの資源として捉え直している。また、地方自治体によるスポーツツーリズム推進に向けたプロモーションの現状を調査した二宮浩彰（2008）は、スポーツデスティネーションとして紹介されている観光資源は、①スポーツ施設、②スポーツ施設／自然資源、③自然資源の三つに区分できるという。ここからも、現代におけるスポーツツーリズムにおいて、自然環境はスポーツ施設と並び目的地の双璧をなしていることが分かる。

[6] 本書では、地域生活を中野卓（1964）に倣い、「〝生産と生活〟という対語にみられるような、消費生活にかぎられたそれの意味ではない。生産あるいは労働という社会的行為を当然その内容として含む〝生活〟」（中野 1964: 27）として用いる。

[7] 東日本大震災の経験は、自然の畏怖を忘れ去るほど「〝生活〟と自然の距離」が遠ざかる危うさを教えてくれる。自然を保護しようとする「自然保護主義」と、自然を克服すべき対象とする「開発主義」は、一見正反対の思想にみえる。しかし、鳥越皓之編（1989）が教えてくれるのは、実は生活と自然の距離が「遠い」営みである点で両者は共通するということである。そして、生活と自然の距離を「近い」思想を「生活環境主義」と呼ぶ。本書は、生活環境主義に多くを倣うものである。そのうえで、〝人〟

と自然の距離が「近い」という点ではエコスポーツと第一次産業は共通するが、〝スポーツ〟と〝生活〟は「質」の異なる営みであることを本書は論じている。

[8] たとえば、足立重和（2010）は、長良川河口堰建設反対運動において、当初は協同していた地域住民とカヌーイストたちが分断・対立していく様を描き出している。新川達郎（2012）は、琵琶湖のレジャー利用をめぐる問題を環境ガバナンスの視点から描いている。

[9] 本書のいう地域社会とは、持続的スポーツツーリズムによって生じる社会変動が波及する、地域生活の場としての地域空間とそこに集積する社会関係の総体を意味する。

[10] 東日本大震災の復興現場から学ぶべきひとつは、海はただの海、山はただの山であるという、あたりまえすぎる事実である。人の営みがひとたび途絶えた漁場はただの海に、農地は山に還っていく。豊かな漁場や肥沃な農地とは、歴史的社会的な構成物として「いまここ」に現れているだけなのである。人間生活の基本的な条件である〝食べ物〟を産出するための生産空間は、絶え間ない人の営みのなかにしか存在しないのである。

[11] 今や、世界分業化へと突き進む社会的潮流とその論理には転換が迫られている。それを迫る社会的背景として、環境経済学者の熊本一規は、以下の三点をあげる。「①地方経済の基盤である農林水産業が衰退し、それを補うべく進められてきた公共事業も財政難のためにゆきづまって、地方経済が瀕死の状態に陥っているから。②新興国の経済成長に伴う食料価格の高騰が起こりつつあり、食料自給率の向上が喫緊の課題として認識されるようになったから。③世界的に持続的社会・低炭素社会づくりの必要性が認識されるようになり、なるべく化石燃料に依存せずに自国の農林水産資源（バイオ資源）を有効に活用していくことが重要な課題となっているから」（熊本 2010: i）。また、鶴見良行（1982）『バナナと

日本人』や村井吉敬（1998）『エビと日本人』が描いた「暮らしのなかのグローバル化」（村井 2007）は、遠い異国で私たちの食料を生産し続けている人々が直面する生活課題と日本の農山漁村の現代的ありようが固く結ばれた構造的問題であることを教えてくれる。

［12］ 本書同様に「消費空間」化を現代的な農山漁村の問題として位置づける代表的な研究として、日本村落研究学会（2005）や寺岡伸悟（2003）がある。松村和則（2001）によれば、一九七〇年代初頭より農山漁村の空間を第三次産業化する流れは農業政策や農村政策に根強くある。この構造的変化が消費空間化の底流にある。

［13］ 地域空間の利用の重層化をめぐる正統性という考え方については宮内泰介編（2006）に大きな影響を受けている。

［14］ 著者のフィールドワークにおける姿勢は日本の村を歩き続けてきた先達らに多くを倣うものである。たとえば日本民俗学者の宮本常一は自身の調査を次のように記述している。「われわれは、ともすると前代の世界や自分たちより下層に生きる人々を卑小に見たがる傾向が強い。それで一種の悲痛感を持ちたがるものだが、ご本人たちの立場や考え方に立って見ることも必要ではないかと思う。（中略）村の古老にあうと、はじめは疑問をなげかけるが、あとはできるだけ自由に話してもらう。そこでは相手が何を〝問題〟にしているかが分かってくる」（宮本 1984: 306–8）という。あらかじめ問題を設定する仮説検証型のフィールドワークではなく、フィールドワークを通じて可能な限り相手の立場に寄り添うことで、彼らにとっての問題を発見しようとする姿勢がそこにはある。

［15］ 暮らしに没入するフィールドワークを社会学的営為に仕立て上げていくうえで重要となるのが、「参与的客観化」（石岡 2012: 41–42）である。石岡丈昇はピエール・ブルデューとロイック・ヴァカン

（1992＝2007）の議論を下敷きに「研究者は、自らの身体を通じて了解した社会的効力を言葉として外化しなければならない。この点が対象世界の住民とは異なる。そしてこのとき、聞き取りや参与観察といった資料生産のための調査技法が必要となる」という。なぜなら、「マスメディアや自生社会学（spontaneous sociology）が生産する集合神話を打ち破るため」には、それらが生産する定型化された「認識枠組みの追認を違けるために、参与的客観化に基づく対象の構成を必要とする」からであると述べている。本書は、石岡の参与的客観化に多くを倣いながら、モノグラフという手法から対象世界を再構成していく。

［16］　本書は、「局地研究《モノグラーフ》」（有賀 1967）をお家芸としてきた日本農村社会学に多くを学んでいる。有賀喜左衛門は、「小地域や村落や小集団の外見上のスケールがいかに小さくとも、その小ささによって調査研究の小ささを示すわけではない。研究の深浅はその方法論の精粗によって決定する」（有賀 1969: 80）という。ここで有賀のいうモノグラフ研究の深浅や精粗について佐久間政広（2015）は、細谷昴（2012）のモノグラフを引き合いに、人々の営みそれぞれの理由と論理を「何故、如何にして」と問い、その因果連関を十分に解明にする「深さ」にあるという。

【第1章】

［1］　予定調和論（後述）でいわれる波及効果とは、岡星竜美（2015）によれば、スポーツイベントを想定した場合、「直接効果（直接関係する投資や消費）」「第一次波及効果（直接効果が誘発する新たな生産の連関）」「第二次波及効果（直接効果、第一次波及効果に誘引される生産活動連鎖）」に分類可能な経済的波及効果、および社会的・文化的（伝統文化の確認、新たな文化の紹介・普及など）な波及効果を

指すという。

［2］ギブソンのスポーツツーリズム論には批判も多い。たとえばマイク・ウィードとクリス・ブル（Weed and Bull 2004）は、スポーツツーリストと一般的なツーリストを明確に区分することは可能だろうかと問う。そのうえで、区別するのではなく、スポーツ活動とツーリストの関係を関わりの濃淡として捉える必要があると述べている。スポーツとの関わりの濃い順序に「主要なスポーツ・ツーリスト」「交流体験のスポーツ・ツーリスト」「スポーツに関心のあるツーリスト」の三つのタイプにスポーツツーリストを分類している。「主要なスポーツ・ツーリスト」とは、競技者、熱狂的なスポーツファン、アウトドアー・アドベンチャー・ツーリスト、スポーツイベント参加者などである。「交流体験のスポーツ・ツーリスト」とは競馬観戦者や接待ゴルフに興じる人々である。「スポーツに関心のあるツーリスト」とは、海水浴客やスポーツ記念館を訪れるノスタルジア・スポーツツーリストである。

［3］近年では、スポーツツーリズムをめぐる記号消費の存在は国内でも広く浸透し議論されはじめている（原田 2003; 日本スポーツツーリズム推進機構編 2015）。

［4］アーリ（Urry 2000＝2006）は、近代社会の中心的存在として、時間を掌握する存在としてクロックタイム（近代の時間（モダンタイムス））を、空間を掌握する存在として工場地帯を位置づけている。

［5］古川彰・松田素二（2003）は、観光を受け入れる人々の主体性を強調する議論に対して「圧倒的な力関係の不平等を前提にして、いわば構造的な弱者がおこなう歪んだ創造性の発揮なのである」と一蹴する。本書は、構造的弱者の抵抗とする見方に首肯する立場であり、松田素二（1999）に多くを倣いながら人々の主体性に関心を寄せるからこそ、彼らを取り巻き抑圧する圧倒的な構造をモノグラフィックに描き出していきたい。

［6］観光対象となった地域空間のイメージやシンボルの変容・固定化という問題は、隣接領域である観光社会学や観光人類学においては、主要な議論として定着している。代表的な研究蓄積として安村克己ほか編（2006）や山下晋司編（1996）がある。

［7］予定調和論にみられるように、スポーツツーリズムによる地域社会への負の側面に自覚的な研究者はいる。しかし彼らは、逆機能は管理強化によって是正可能であると捉えている。そのため、「管理されたスポーツツーリズム」の推進によって地域社会が発展するというスタンスを基本としており、観光のまなざし論に立脚する本書とは大きく異なる立場である。

［8］アーリの地域空間への帰属性をめぐる議論は、イーフ・トゥアン（1974＝2008）の「トポフィリア」に依拠している。特に、観光のまなざし論の中核をなす、特定の地域空間への帰属性において、視覚・触覚・聴覚・嗅覚といった知覚のなかでも、「抽象的・構成的な傾向」（Urry 2000＝2006: 173）の視覚が現代社会を支配していくという見取り図は、トゥアンに多くを学んだと思われる。

［9］アーリは、「場所は、関係のようなものであり、人、物材、イメージ、そしてそれらが織り成す差異のシステムの布置構成のようなものである」（Urry 2000＝2006: xiv）と述べ、実体ではなく観念の位相から場所を捉える。

［10］アーリは、特定の地域空間に対する、主体間の帰属性における時間軸の相違が、観光が地域社会に軋轢を引き起こす根源にあると指摘しつつも、それをミクロな視点から実証することはなく、マクロな構造分析に終始する。なぜなら、グローバル化する資本主義を解明することにアーリの問題意識があるからであり、その一つの切り口として観光を位置付けている（Urry 1981＝1986）。そこで著者は、居住者の立場から環境問題の研究を進めてきた環境社会学の手法に多くを倣っている。なぜなら、そこに暮

らす人々からみれば、観光、スポーツ、環境保護も、地域生活の場として利用してきた地域空間を、外側から新たに意味づける点では同じだからである。

[11] 紛争というキーワードは、空間利用が重層化する現場で入り乱れる様々な論理について議論するコモンズ論に多くを倣っている（岸上 2002; 陸好 2003）。この議論は、一つの地域空間の資源管理をめぐって利用や管理の主体が重層化する現場を捉える点において本書と類似する問題意識を持つといえよう。紛争という研究視角の特徴は大きく二つある。ひとつが、特定の地域空間をめぐって重層的に展開される各アクターの営みとその論理を、予定調和的な統合論に帰結させない点である。つまり、各アクターの営みとその論理を、本来的に相容れない関係として捉えるのである。もうひとつが、特定の地域空間をめぐって生じる紛争の回避や予防として行われる、人々の実践や営みに着目することを可能とする点である。

[12] 特定の地域空間に対する地域生活を通じた人々の経験を描き出す際に、本書は生活論と呼ばれる社会学的方法論の蓄積に多くを倣っている。特に、鳥越皓之（1982, 1983, 2010）を通じて、有賀喜左衛門（1969）に大きな影響を受けている。過ちを恐れず、本書のテーマを有賀生活論に引きつけるならば、本書では、持続的スポーツツーリズムを、生活条件を構成する外部条件の具体的な現れの一つとして捉えていくことになる。そのため、本書は特定の生活組織に視座を据え、それを拘束する生活条件を描き出す際に、外部条件としての持続的スポーツツーリズムのみならず、その地域社会の歴史に固有な内部条件を同時に捉えていく。こうした有賀生活論を認識論的土台に据える意義は、地域生活を再編し続ける人々の創造的営為に光を見出し、そこから持続的スポーツツーリズムを捉え直していくことにある。

【第2章】

［1］　フィールドワークは、二〇〇五年八月～二〇〇六年一〇月の期間に、補足調査を含めて三～一〇日程度の現地調査を計五回実施した。内容は、大字に一つだけの小売店（食材・雑貨・ガスなどを扱う店舗）において、プロパンガス配達や店舗業務を手伝いながら、遍路小屋の建設と維持管理活動に関わる／った人々を対象に参与観察と聞き取りを行った。また、役場と農協での各種統計データの収集を実施した。

［2］　四国遍路を巡る巡礼者を、四国では親しみを込めて「おへんろさん」や「おしこくさん」と呼ぶ。

［3］　「お接待」とは、地元の人々が「おへんろさん」に対して無償で宿・トイレ・金銭・食事などを与える行為を指す。おへんろさんは、こうしたお接待を基本的に断ってはならないとされている。なぜなら、四国ではおへんろさんは「同行二人（弘法大師と共に巡礼しているという意）」とされ、お接待は「弘法大師への功徳」や「自分の代わりにお参りを託す」を意味するとされているからである。つまり、お接待は弘法大師にお供えすることを意味するのである。そのため、お接待を受けたおへんろさんは、「南無大師遍照金剛」の宝号を唱え、接待者に納礼を手渡すことが風習となっている。浅川泰宏（二〇〇八）は、こうした日常的実践として接待を慣習的な儀礼行為であると同時に、民俗知識の確認作業であり、四国遍路に巡らされる経験によって常に変化するダイナミックな構造体であると述べている。著者が歩き遍路をした際には、宿や飲食物のお接待を数多くいただいた。「四国遍路は歩かせていただくもの」とよく言われる。著者の場合、道中にひとりの老婆から「全部歩くなら、私の代わりにお参りしてください」と5円玉の束を接待された。歩みを止めそうになったときの心の支えとなったその

5円玉の束がなければ、完歩による結願は難しかったように思う。また、遍路道には、「接待所」と呼ばれる休憩所や「善根宿」と呼ばれる宿が設けられており、そのひとつが、本章に登場する柳水庵の小屋である。

［4］ 四国遍路は一点の聖地を目指すものとは異なる周遊型の巡礼であり、出発地も終着地も定まってはいない。また、巡礼期間もそれぞれであるため、正確な巡礼者数を測定することは不可能である。そのうえで、佐藤久光（2004）によれば、五六番寺の納経から推定される巡礼者数は二〇〇二年は八三〇〇〇人である。また、巡礼者数では、日本で最も人気のある巡礼路であるという。

［5］ 近年、歩き遍路の中心は中高年から若者へと移行している。その具体的な様相については村田周祐（2005）を参照。

［6］ 二〇〇六年六月一二日において、松尾の平均年齢は五九・五才である。また、六〇歳以上の住民の占める割合は全人口の五六％である。

［7］ 歩き遍路が集う情報Ｗｅｂサイト、「掬水へんろ館」〈http://www.kushima.com/henro/〉二〇〇六年一月一五日参照。その他、「おへんろさん」のＨＰ、ブログ、ＳＮＳに柳水庵の遍路小屋の写真や記事が数え切れないほど掲載されている。また、徳島県の観光広報紙「いやし通信 vol.3」には写真と記事が掲載されている。

［8］ お大師講は毎月二〇日に般若心経を唱える講中である。名称は講となっているが、一戸一名（基本は家長）の参加が義務づけられていること、集金や決め事を行う場でもあり、実質的な組単位の寄り合いであるといえよう。松尾には上中下の三つに分けたお大師講が組織されている。松尾にはかつて、老人会、敬老会、婦人会、青年団、カキ会（花木生産組合）、笠踊り会、獅子舞会が存在していたが、これ

らはすべて休止もしくは廃止している。

［9］二〇〇五年一月において婦人部のメンバーは一〇人であった。しかし、二〇〇六年五月の時点でメンバーのうち二人が病気で入院したため、実質的な活動人数は八人となっている。

［10］補陀落信仰とは、岬・半島の先端・山の端や海が見えるといった、この世と他界の境界とされる聖域において、海の彼方にある浄土（天国）を望み修行することをよしとする信仰である。四国遍路の八八札所のほとんどが海沿いもしくは山頂に位置しているため、補陀落信仰では浄土に近い場所とされている（ひろた 1999）。

【第3章】

［1］フィールドワークは、二〇一〇年四月～二〇一一年六月の期間に、月に三～五日程度のペースで実施した。内容は、各種統計データの収集に加え、手賀沼トライアスロン大会に関わる行政担当者、漁業協同組合関係者、実行委員会、ボランティア活動に参加する人々、手賀沼南岸に暮らす人々を対象に農作業や業務等を手伝いながら、聞き取り調査や参与観察を行った。

［2］原田宗彦（2002）は、スポーツイベントを大会規模（国際レベル、全国レベル、地方・地域レベル）と参加形態（見るスポーツ、するスポーツ）を軸に六つに分類している。本章は、この分類を基に「地方・地域レベル」で開催される「するスポーツ」のスポーツイベントを、森川貞夫（1997）に倣い「地域スポーツイベント」と呼ぶ。

［3］本章は、地域スポーツイベントと地域社会の関係を考える際に、須田廣（1998）に多くを倣っている。須田は「地域社会にマイナスの効果を与える場合もある」として、「波及効果」に疑問を投げかけてい

る。そのうえで、地域スポーツイベントと地域社会への影響を捉えるには、地域スポーツイベントを「開催する地域社会の社会構造やスポーツ社会環境と結びつけ、この三者間のダイナミックな相互関係を明らかにする必要」（須田 1998: 252-6）があると述べている。

［4］化学的酸素要求量：水中に含まれる物質を酸化するときに必要とされる酸化剤の量に対応する酸素量を意味し、水質に対する一応の目安とされる。

［5］一般的に二万円前後が相場のなか、誰でも参加できるようにという主旨から、第一回手賀沼トライアスロン大会の大会参加費は八〇〇〇円であった。ただし、損益分岐点の上昇を理由に、二年目から九〇〇〇円、五年目から一万円、六年目から一万二〇〇〇円に引き上げられた。

［6］参加定員数を増加させた二〇一二年以前も、手賀沼トライアスロンの知名度はうなぎのぼりである。たとえば参加定員を埋めるのに要した期間は、二〇〇九年の第四回大会が五月一日〜六月一四日に対し、二〇一〇年の第五回大会は五月六日〜五月二六日、二〇一一年の第六回大会は五月二日〜五月二〇日と年々短縮されている。

［7］この背景には、一九六〇年代後半に経験し、今も下総基地に根強く残存する「成田闘争の記憶」が影響していると部員たちは説明をする。

［8］その他には、昭和三四年二月、オリンピック漕艇会場誘致問題に手賀沼漁業組合として反対をしている。また、同年昭和三四年の手賀沼ディズニーランド計画に対しても、同組合として反対している。

［9］手賀沼の南岸に位置する手賀地区に暮らす人々は、昔から文化圏の異なる沼の北岸（現在の我孫子市）を「沼むこう」と呼ぶ。

［10］一連の動きを学術的知見から総括したものとして高垣美智子・丸尾達（2007）『手賀沼発 農業で沼の

水を浄化する』がある。

［11］社会学的なスポーツイベント研究は、グローバルに展開される今日的な隆盛を踏まえ、メガ・スポーツイベントを対象とした研究が主流となっている。その中でも多く蓄積されてきたのが、カルチュラル・スタディーズによるメディアスポーツ研究である。周知のように、これらの研究は、メディアイベントが「受け手」としてのオーディエンスを規定するだけではなく、受け手の能動性や主体性との「再帰的な循環の過程」（黄 2010）を通じて、相互補完的に増大しているとする観点を主張する（吉見 2003; 清水 2004）。これらの議論とは異なり、本章の問題関心は地域生活と持続的スポーツツーリズムの関係にある。

【第4章】

［1］本書は、鴨川における二〇一〇年八月〜二〇一六年九月までの断続的なフィールドワークと資料に基づいている。各種統計データの収集、および、テイチの日常的な活動に同行するなかで、漁業やサーフィンに関わる人々への聞き取り調査と参与観察を行った。

［2］移住サーファーが漁師に転身する事例として、鴨川以外に種子島が有名である。一方、移住サーファーの多い神奈川県の湘南や千葉県の一宮町は、そのほとんどが東京通勤圏者であり、地場産業との関係は薄い。

［3］二〇〇五年二月一一日に人口七九三三人の天津小湊町を吸収合併。

［4］大型網漁は、二隻以上の船に分かれて分業的協同漁撈のかたちをとるのが一般的である。いわば、それぞれの船で分業的な協同作業がとられる、分業型単線組織の複合形態である（竹内 1991: 34）。

[5] 鴨川漁港には、黒潮に乗って土佐や伊勢からの「カツオの一本釣り漁船」が、「生き餌」に使う生簀《いけす》に七〜一〇日間ほど慣らした「エサイワシ」を買い付けに来る。この「何十倍も高く売れる」取引が成立していたため、鴨川の大型網漁はイワシ不漁の「厳しい時期を乗りきれた」という。現在の外房の漁業を特徴づけるのは、伊勢えびを狙う刺し網漁や一本釣り漁といった個人漁法である。

[6] スポーツを用いた観光客誘致への取り組みは有名であり、一九八三年着工、一九八八年完成した鴨川総合運動施設は、一九八四年から二〇〇五年までプロ野球チーム日本ハムファイターズがキャンプ地として利用していた。また、二〇一〇年以降は別のプロ野球チームである千葉ロッテマリーンズのキャンプ地となっている。その他にも、首都圏からのスポーツ合宿が盛んに行われている。

[7] 「攻め」ではなく「待ち」の漁法である定置網漁は「資源再生型漁業」(大野 2010)である。海洋資源の枯渇が叫ばれる現代社会において、資源の乱獲を防ぎ、市場価格を安定させ、漁民の生活を守り支えていく漁法として、定置網漁は再評価されるべき漁法であろう。

[8] 新加茂川橋(通称おんぼろ橋)を全壊させた水害は、記録に残る限り、一九三一年七月七日、一九三六年七月一〇日、一九三八年一〇月二〇日、一九四九年一〇月一八日に発生している。

[9] 当時を知るテイチOBは、「庄原氏には本当に申し訳なかった、テイチの大変な時をたすけてくれたのに、結果的に裏切る形になってしまった」と、「義理」を果たせなかったことを悔やんでいる。

[10] ダブルサイズとは、人の倍の高さ(約四メートル)のビックウェーブを指す。ポイントブレイクとは、異なる位置ではなく、特定の位置で常にブレイク(白波になる)する波を指す。一定の位置で波がブレイクすることは、サーファーが波をつかまえることを容易にし、長時間・長距離のライディングを可能とする。

[11]「弱者生存権」(鳥越 1997) の一例として理解できる。

[12] 正式には企業研修であるが、大浦やテイチでは留学と呼ばれている。一般的に、定置網の張り立て(海中への設置)は網会社の協力を得たり、網会社が有料で行ったりする場合が多い。留学によって網の基本構造から理解を深めることは、テイチ船員による張り立てや補修を可能にさせた。そのため、状況に応じた重点箇所の把握や、急潮や台風に対処する際の網の張り替えなどの作業が迅速で的確になり、時間的経済的コストの削減につながっている。また、留学先となった網会社は、一九八二年に、網の総張り替え以来の付き合いを持つ会社である。

[13] 一九八七年、総合保養地域整備法(通称リゾート法)に基づき、「房総リゾート地域整備構想」が一九八九年四月に全国一一番目の基本構想として承認された。この「房総リゾート地域整備構想」は、鴨川一帯を「鴨川コンベンション・リゾート」と位置づけ、「総合アミューズメント・エリアの形成による国際交流の促進」をテーマに、複合的なリゾートの形成が目指されるものであった。その具体的な現れが「鴨川マリーナ開発事業」であった。また「鴨川マリーナ開発事業」と共に「鴨川コンベンション・リゾート計画」の中軸として計画されたのが「アナトリア鴨川リゾート計画」であった。当初は、開発計画地域内の中核施設として、千葉県立コンベンションホールが立地される予定であったが、メインバンクであった日本長期信用銀行の経営破綻によって断念された。現在、ホール建設予定地だった土地には、城西国際大学観光学部(二〇〇六年四月一日開校)が立地している。

[14] 大浦には、網元(船主)と船員や小型船主などの二つの階層が存在してきた。戦後にホテル経営や土木業などへ事業を拡大した網元の多くが、地元資本として何らかの形でマリーナ事業に参画していた。また、マリーナ事業に反対の声を上げた女性は網元の人間であったことからも分かるように、網元層の

権力争いの側面が見え隠れする。

［15］現在、鴨川のサーファーの内訳は、ローカル（地元民）五割、移住サーファー三割、ビジター（都会からの通い）二割だという。そのうえで、移住サーファーのうち漁師となるものは一割程度という。

［16］関西出身の移住サーファーである奥山さん（仮名：表2の㉙）は、自らテイチにコンタクトを取り、職を得た唯一の船員である。両親の都合で千葉市に移ってきた際に、テイチで移住サーファーが働いていることを新聞記事で知り、自ら鴨川漁協に連絡を取ったが、相手にしてもらえなかったという。しかし諦められず、自ら強引な突撃をしかけたという。

［17］たとえば、テイチに乗船してから三年経つが、その内の二年半は怪我や一身上の都合により下船をしていた船員がいた。しかし、テイチは彼を解雇する選択を選ばず、精神的・肉体的な回復を目指す彼を見守り続けてきた。彼は「本当にクビにしないで見守っていてくれたことを感謝している。これからは必死に仕事を覚えて恩返ししたい」と復帰し、がむしゃらに下働きに励んだ。しかし結果的には、一身上の都合を理由に自ら下船を決め退職した。

［18］例外として、「ナブト衆」と呼ばれる大浦の隣集落である太海集落からテイチに通う人々は、大浦出身者と同格に扱われる。現在は浜本さん（仮名：表2の㉕）一名となってしまった彼らは、「トチモン」と競ってテイチを支える「誇り高き集団」として在る。

［19］移住者が「口利き」の対象となる際、以下二つの条件が揃っている場合が多い。①移住者が無職や非正規雇用など不安定な経済状況や雇用状況にあること、②テイチの人手が足らない状況があること。つまり、「口利き」は両者の困難な生活状況への「食い扶持の確保」を目的に行われる場合が多い。その具体的なありようについては村田周祐（2013）を参照。

[20]「ヨソモン」が増えていくことを古老たちは、自分たちの出稼ぎの経験をだしに、「いつの間にか鴨川が出稼ぎ先になってしまった」と笑いつつ、手放しで喜べないでもいる。彼らにとって、テイチの世代交代は、大浦の人材で循環させることが「正統」であることに変わりはないのである。

[21]テイチの船員となった移住サーファーの約半数が、一〇年内にテイチを離れていく。大浦では、「漁師になるには一〇年かかる」や「あいつはいい漁師になった」という話をよく耳にする。それは、漁業に就業したから「漁師になる」のではなく、大浦に固有な生活技法や心性の獲得を通じて、はじめて「漁師になる」ことを意味している。

[22]本事例は「生活基準の関係」が明瞭な事例である。しかし濃淡の差はあるけれども、どのような人間関係であっても「生活基準の関係」はあると思うのである。合わない点があるからといって、それを表に出し克服することを選択しないで、その人のその他を認めるという生活技法は、夫婦であれ、同僚であれ、どこにでもあるように思うのである。ただし、大浦の人々の人間・モノ・自然との関係構築には、人知には制御不可能な大自然との関わりのなかで醸成された「積極的な諦め」と呼べる漁民に固有な規範を感じる。その内実については別稿で論じてみたい。

【第5章】

[1]フィールドワークは、補足調査を含め二〇〇六年一月〜二〇〇九年八月に断続的に実施した。奥泊に滞在する際には、集落内の漁家に寝泊りをさせていただきながら、可能な限り素潜り漁や一本釣り漁の漁撈、水揚げ、獲物の選別等に同行するなかで、奥泊とスクーバダイビングに関わる人々を対象に、参与観察と個別の聞き取りを行った。

[2] フィールドワークの結果（二〇〇九年八月現在）であり、図1の住民基本台帳と異なる。
[3] フィールドワークの結果（二〇〇九年八月現在）である。
[4] 竹内利美（1958）によれば、日本における大型定置網の祖型は、①三陸の「南部型大謀網」②越中の「台網」③長門の「大敷網」とされている。
[5] 能上氏は底引き網漁船を降りた後の転職先に「海から離れる仕事」は考えなかった。「俺には学はないが、海なら人に恥じないで生きられる」という。彼の言葉からは、海でこそ自らの生を全うできるという自尊の念を感じる。
[6] 地先漁業権が慣行的に存在する日本では、ダイバーの地元への入園料の支払いは珍しくない。ただし、入園料の根拠をめぐる裁判が行われている。詳細は田中克哲（1996）や佐竹五六（2006）を参照。
[7] 奥泊から肉眼で見ることが可能な絶壁にある大小四つの洞窟。海上から七つの入り口が見えることから、その名がついている景勝地である。二〇一五年より、「多古の七つ穴」は島根半島をめぐる観光船クルーズの新航路に加わった。
[8] 原発補償金には、地域行政を対象とする原子力発電施設等周辺地域交付金と漁業協同組合を対象とする漁業補償がある。
[9] 石本氏の日常的な言動や過去を振り返る言動からは、奥泊に対する「ダイビング構想」以前と変わらぬ気遣いと、結果的に原発や「ダイビング構想」に繋がった自分自身を棚上げできない気まずさや後悔の念を感じる。
[10] 漁船を基に漁村の社会構造を描き出す手法は、竹内利美（1956）から多くを学んだ。
[11] 柿崎京一（1978）は、コンビナート開発から沿岸開発の形式や質が変われども、その論理が変わらぬ

ことを教えてくれる。柿崎が千葉県君津市のコンビナート開発を事例に描いた漁民の苦悩の根本は、漁業権の放棄＝「漁協、部落といった既存の共同生活組織の解体」（柿崎 1978: 464）の代償である漁業補償が、漁業権を保有する個人のみを対象としたことであった。そこから描き出されるコンビナート開発の論理とは、地先の海を経済的側面のみから切り取りそれ以外を捨象する論理であった。

［12］古村学は、「生活の利便性」という地域住民の論理が、「グローバルな理念として生活の外にあるエコツーリズムを相対化する契機となりうる」（古村 2006: 140）と述べる。しかし、本事例を本章の視角から理解すると、古村の解釈を超えた所に位置する。すなわち、奥泊の人々にとっての「生活の利便性」とは、生活組織や社会関係の再編によって保障される日々の暮らしの中で熟成された「ここで共に生きる」という論理に組み込まれたものとして捉えられよう。

【終　章】

［1］本研究を通じたスポーツ研究への貢献をあえて述べれば次のようになると考えている。すなわち、「観光資源としてのスポーツ」（岡本 2010）という表現に代表されるように、既存のスポーツ研究は、スポーツそのもののなかに本来的価値が存在すると理解してきた。それに対し、本研究は、スポーツを日常との差異を産み出す社会的媒体として捉えてきた。すなわち、スポーツそのものに価値が内在すると考えるのではなく、スポーツ実践の対象となる、自然環境、都市環境、スタジアムなどの特定の空間に価値を産み出す社会的装置としてスポーツを捉えてきた。

［2］細谷昴（2012）は、モノグラフなどの事例研究の意義を「意味的普遍性」と呼び個別性から普遍性への道筋から議論する。本書はこの議論に多くを学びつつ、また普遍性や客観性を志向する学問観に首肯

しながらも、そこに生きる人々の個別具体的な世界観を描き出す作業、それ自体にも意義があると考えている。なぜなら、自助努力が強要される個別化された現代社会において、人々が生き抜く創造的営為とその限界を描き出すことによって、現代社会に浸透した通念を解体し書き換えていくことも、重要な社会学の営みであると考えているからである。

［3］　棲み分けとは「期待の遮断」（菅原 2015）によって可能となる社会実践である。他者との社会関係を構築するうえで、他者に期待するのではなく、他者への期待を遮断することで関係を構築する生活技法といえよう。

［4］　植田今日子（2016）は、ダム建設や自然災害によって移転を余儀なくされるむらを事例に、むらは「人の一生をはかるに凌ぐ時間をもって、人々を生かす技法を蓄積する容器のよう」に見えるという（植田 2016: 279）。本書は、農山漁村（むら）を社会関係から捉えてきたこれまでの社会学とは異なる植田の視点に多くを倣うものである。ただし、植田が「共に住まう（衣食住の住）」に重きを置くのに対して、本書は「共に食う（衣食住の食）」に重きを置いて農山漁村をみている。つまり、「海を漁場に」「野を農地に」といった人が自然を「糧」とする社会的英知が集積する場として農山漁村をみている。

［5］　持続的スポーツツーリズムを「在地化」させる際の受け皿となっている生活組織が生産組織であることに気づく。不思議なことに、四つのモノグラフに共通しているのは、現代の農山漁村において家やむらではなく、生産組織が持続的スポーツツーリズムという外部条件との対応窓口になっているのである。それは、中間集団が数限りなく消滅・機能不全するなかで、唯一安定した組織が生産組織であったという消極的理由が存在していたのは事実であろう。とはいえ、第一次産業を主たる目的とする組織が、な

ぜその機能や役割を超えて地域生活を再編していく組織となっているのだろうか。その点を考えていくことは、現代の農山漁村を考察していくうえで、ひとつの有効な切り口になるのではないだろうか。

[6] 本書の事例では、地域生活を保障する地域空間として社会的に認知・承認させるための対外的な「発言力」(藤村 2002) を行使できる唯一の地域住民組織として生産組織が用いられていた。藤村美穂 (2002) は、阿蘇の草原を舞台に、自然への働きかけを生産活動のみでは捉えられないのが現代社会の特徴であり、「住む」という社会的行為から自然への働きかけを捉える必要性を主張している。一方で、本書の事例分析から明らかになったのは、特に水域をめぐっては、現代においても生業を通じた働きかけが中心にあるという事実であった。

あとがき

日本の農山漁村を訪ねると、私たちは新たな挑戦に挑む人々の姿に出会う。本書でいえば、ボランティア組織を立ち上げる人々であったり、都会からの移住サーファーを漁船に乗せる人々であったり、民宿やスクーバダイビングをはじめる人々であったり、トライアスロン大会に会場を提供する人々であったりなどであるが、間違いなくそこには新しい挑戦とそれに挑む人々の姿がある。しかし、その人たちと共に在り続けていると、挑戦に挑む姿のさらに向こうに、ぼんやりとだが確かに別の思いを感じることがある。

ある高座のまくらで、桂歌丸師匠が次のような話をしていた。「なぜ、私たち落語家が〝笑点〟のようなテレビ番組に挑戦しているのか。それは、決して伝統を壊して新しい何かをつくりだしたいからではないのです。そうではなく、ただただ先人から〝受け継いできたもの〟を守ろうとするからなのです。世の中に合わなくなれば〝受け継いできたもの〟も消えてしまいます。変わりゆく世の中に応じて、私たちは〝受け継いできたもの〟を守るための挑戦をしなくてはならないのです。だから〝挑戦とは守ること〟なのです」と。

そう言われると、私が本書で描き出したかったのは、新しい挑戦に挑む姿の向こうに感じた、〝受け継いできたもの〟を必死に守ろうとする人々の思いだったのかもしれない。本書がそれを描き出せたかどうかは心許無いが、あとがきを書きながらお世話になっている人たちの顔を思い浮かべていると、そうであるとうれしいと思えてならない。

そして、彼らが必死に守り続けてきた先人から〝受け継いできたもの〟とはいったいどのようなものなのであろうか。学的系譜のなかで私が先人から〝受け継いできたもの〟を〝挑戦として守る〟ためにも、その内実に迫る新たな試みが必要なのかもしれない。

本書は、筑波大学人間総合科学研究科に提出した博士学位請求論文「持続的スポーツ・ツーリズムと地域生活再編の社会学的研究」(二〇一二年博士(学術))を大幅に改稿したものである。なお、本書に収めるにあたり加筆修正をおこなった各章の初出は次のとおりである。

第1章　村田周祐(2012)「スポーツ・ツーリズム研究の現代的再構成」『体育学研究』57：471-482.

第2章　村田周祐・松村和則(2007)「サステーナブル・ツーリズム論における在地性への視座転換——〝心の軌跡〟がもたらす〝観光〟の再構成」『環境情報科学』36(2)：32-41.

第3章　村田周祐・伊藤恵造・松村和則（2014）第2部1章「手賀沼周辺の環境問題とレジャー・スポーツの展開」松村和則・石岡丈昇・村田周祐編『「開発とスポーツ」の社会学――開発主義を超えて』南窓社。
村田周祐（2014）第2部2章「地域スポーツイベントと環境保全――表象変革の場としてのトライアスロン」松村和則・石岡丈昇・村田周祐編『「開発とスポーツ」の社会学――開発主義を超えて』南窓社。
第4章　村田周祐（2014）「地域空間のスポーツ利用をめぐる軋轢と合意――生活基準の関係にもとづく漁師とサーファーの共存」『ソシオロジ』59（2）：3-20.
第5章　村田周祐（2010）「エコスポーツによる観光開発の正当化とその論理――生活の海の重層的利用をめぐる漁民の対応」『ソシオロジ』55（1）：21-38.

分析機器に囲まれた実験室で、白衣を着てフラスコや試験管を振っていた自分が、まさか本書のような論考を書き上げることになるとはまったく想像していなかった。この突拍子もない歩みを実現できたのも、ただただ多くの方々の導きとご支援に他ならない。

本書に登場した事例地では、本当に多くの方々にお世話になった。ひとりひとりの名を挙げることはできないが、なにもわからない私を受け入れ、その仕事やそこでの暮らしを手とり足とり教え、さらには人が生きることの「いろは」までも教えてくださった。皆様との出会いがなければ、私は全く違った価値観の中で別の人生を歩んでいたように思う。特に、坂本年壱船頭（門前大敷漁労長）には、「今はうまくいかなくても、いつかは僥倖にめぐりあう。その恵みを十二分に受け取るために、今できる最大限の準備をしよう」という定置網漁師の世界観や生き方の美しさを叩き込んでいただいた。これからも、この言葉を座右の銘として生きていきたい。いまでは顔を合わせてお礼を述べることのできない方々も多くなってしまったが、本当にありがとうございます、そしてこれからもよろしくお願いいたします。

私の研究者としての毎日があるのは、ひとえに松村和則先生（元筑波大学）のおかげである。駆け込み寺に逃げ込むようにやってきた社会学とは無縁の者を、フィールドワーカーとしてゼロから鍛え上げる面倒にとことん付き合うだけでなく、共に学び続けていく仲間と環境までも与えてくださった。この松村先生の厳格な指導と共に学ぶ研究仲間の後押しがなければ、本書はここにはなかった。

鳥越皓之先生（元早稲田大学）には、現実から問いを立てることの大切さと研究の面白さと楽しみ方を教えていただきました。私の世界の見えかたの礎を築いてくれたロバート・ペリン先生（米国森林局）は、人生の大きな選択に迫られる度に心温かい励ましを授けてくれました。本書をお見せすることはできないですが、鈴木文明先生（元名寄市立大学）には、フィールドワークという営みを超えて、人と人が付き合ううえでの心意気を伝授していただいた。初めて専任教員として赴任した仙台では、佐久間政広先生（東北学院大学）をはじめとする方々のおかげで東北農村社会学の蓄積を享受する場に恵まれ、赴任先の東北福祉大学では大竹栄先生（東北福祉大学副学長）をはじめとする方々の御配慮によってやりたい仕事に力を注ぐ環境を与えていただきました。本書の公刊を節目に、お礼申し上げたい。

本書の出版に際しては、新曜社編集部の高橋直樹さんに大変にお世話になった。私が感じ取ることができなかった本書や事例の魅力を発見し、それを引き出していただきました。本当にありがとうございました。

最後に、なんでも挑戦して失敗してみなさいと常に背中を押し続けてくれる両親、私とは正反対の生き方でいつも刺激を与えてくれる弟、安定しない生活に一言も文句も言わず暖かく見守り続けてくれた亡き義父、事あるたびに助けてくれる義母と義姉、どんな時も居心地のいい我が家を作り上げる三姉妹の娘たち（陽、明香里、照実）と連れ合いの淑恵に感謝したい。

二〇一七年一月六日　仙台にて

付記

本書は平成二五年度日本学術振興会、科学研究費補助金（若手B）「持続的スポーツ・ツーリズムの社会的特性に関する実証研究（課題番号25750296）」の成果の一部である。また、刊行にあたっては、平成二八年度日本学術振興会、科学研究費補助金（研究成果公開促進費）の助成を受けている。なお、第三章のもととなった共同研究は、平成二一年度日本学術振興会、科学研究費補助金（基盤C）「スポーツの現代化と地域環境保全―〝開発主義〟と人々の創造性の結節」（代表：松村和則）の助成を受けたものである。

著者紹介

村田周祐（むらた　しゅうすけ）

1977年，広島市生まれ。筑波大学大学院人間総合科学研究科博士課程修了。博士（学術）。現在，東北福祉大学健康科学部講師，東北福祉大学社会貢献・地域連携センター講師。

専攻はスポーツ社会学・地域社会学。

主な業績：

村田周祐，2014，「地域空間のスポーツ利用をめぐる軋轢と合意――生活基準の関係にもとづく漁師とサーファーの共存」『ソシオロジ』59（2）：3-20.

松村和則・石岡丈昇・村田周祐共編，2014，『「開発とスポーツ」の社会学――開発主義を超えて』南窓社.

村田周祐，2010，「エコスポーツによる観光開発の正当化とその論理――生活の海の重層的利用をめぐる漁民の対応」『ソシオロジ』55（1）：21-38.

新曜社

空間紛争としての持続的スポーツツーリズム

持続的開発が語らない地域の生活誌

初版第1刷発行　2017年2月28日

著　者　村田周祐

発行者　塩浦　暲

発行所　株式会社 新曜社

〒101-0051 東京都千代田区神田神保町3-9

電話（03）3264-4973（代）・FAX（03）3239-2958

E-mail：info@shin-yo-sha.co.jp

URL：http://www.shin-yo-sha.co.jp/

印　刷　亜細亜印刷（株）

製　本　イマヰ製本

ISBN978-4-7885-1514-7　C3036

索　引

参考文献

足立重和，2010，『郡上八幡伝統を生きる――地域社会の語りとリアリティ』新曜社.

足立重和，2015，『郡上おどりの継承を考える』『追手門学院大学社会学部紀要』9：141-153.

愛知東邦大学地域創造研究所編，2015，『スポーツツーリズムの可能性を探る――新しい生涯スポーツ社会への実現に向けて』唯学書房.

天野宏司，2009，「スポーツ・イベントの創出と観光振興に関する研究――スポニチ佐賀ロングライド210を事例に」『文化情報学』16（2）：35-52.

青山芳之，2009，「スポーツによる“まちづくり”に関する一考察」『順天堂スポーツ科学研究』14：231-238.

有賀喜左衛門，1967，日本家族制度と小作制度・新版の序」上・『有賀喜左衛門著作集』第1巻，未来社.

有賀喜左衛門，1969，「民俗学・社会学方法論」『有賀喜左衛門著作集』第8巻，未来社.

浅川泰宏，2008，『巡礼の文化人類学的研究―四国遍路の接待文化』古今書院.

Baum, T. and Hagen, L., 1999, “Responses to Seasonally: The Experiences of Peripheral Destinations”, *International Journal of Tourism Research*, 1: 299-312.

Bourdieu, P. and Wacqant, L., 1992, *An Invitation to Reflexive Sociology*, University of Chicago Press（水島和則訳，2007，『リフレクシブ・ソシオロジーへの招待――ブルデュー，社会学を語る』藤原書店）

Bramwell, B. and Lane, L., 2000, *Tourism Collaboration and Partnership: Policies, Practice and Sustainability*, Channel View Publica-

tions, 343.

Bruner, E. M., 2004, *Culture on tour: ethnographies of travel*, The university of Chicago press.（＝2007，安村克己ほか訳『観光と文化——旅の民族誌』学文社）

千葉県環境生活部水質保全課，2006，『手賀沼水循環回復行動計画策定の経緯と概要』.

Costa, A. C. and Chalip, L., 2005, "Adventure Sport Tourism in Rural Revitalization: An Ethnographic Evolution", *European Sport Management Quarterly*, 5（3）：257–279.

Deery, M. and Jago, L., 2006, "The Management of Sport Tourism", in Gibson, H.（eds.）, *Sport Tourism: Concept and Theories*, Routledge, 246–263.

海老原修，1996，「地域社会におけるスポーツ・イベントのからくり——まちおこしは，まち興し，それとも，まちお越し」『体育の科学』46（5）：374–381.

Eagles, P., 1999, *Sustainable Tourism in Protected Areas: Guideline for Planning and Management*, IUCN.（＝2005，小林英俊監訳『自然保護とサステーナブル・ツーリズム——実践的ガイドライン』平凡社）

黄順姫，2010，「マルチメディアに介在されるメガ・スポーツイベントのライバル線——ライバルと超越的存在の再帰的循環」橋本純一編『スポーツ観戦学——熱狂のステージと意味』世界思想社.

Fredline, E., 2006, "Host and Guest Relations and Sport Tourism", in Gibson, H.（eds.）, *Sport Tourism: Concept and Theories*, Routledge, 131–147.

古川彰・松田素二編著，2003，『観光と環境の社会学』新曜社.

藤村美穂，2002，「阿蘇草原をめぐる人びととむら——環境問題の視点から」『年報村落研究38　日本農村の構造転換を問う——1980年代以降を中心として』農山漁村文化協会.

Gibson, H., 1998 "Sport Tourism: A Critical Analysis of Research", *Sport Management Review*, 1（1）：45–76.
原田宗彦，2002,『スポーツイベントの経済学――メガイベントとホームチームが都市を変える』平凡社.
原田宗彦，2003,「スポーツ・ツーリズムと都市経営」原田宗彦編『スポーツ産業論入門』杏林書房.
原田宗彦・木村和彦編，2010,『スポーツ・ヘルスツーリズム』大修館書店.
Hartmann, R., 1986, "Tourism, Seasonality and Social Change", *Leisure Studies*, 5（1）：25–33.
橋本和也，1999,『観光人類学の戦略――文化の売られ方・売り方』世界思想社.
Hinch, T. and Higham, J., 2004, *Sport Tourism Development*, Channel view publications.
ひろたみを，1999,『お遍路を満願するための本』リヨン社，
Hitchcock, M. and Parnwell, M., 1993, *Tourism in South-East Asia*, Routledge, London.
細谷昂，2012,『家と村の社会学――東北水稲作地方の事例研究』御茶の水書房.
星野七郎，1986,『手賀沼の今昔』自費出版.
堀野正人，2004,「地域と観光のまなざし――まちづくり観光論に欠ける視点」遠藤英樹・堀野正人編『観光のまなざしの転回――越境する観光学』春風社.
Holden, A., 2008, *Environment and Tourism*, Routledge.
Honey, M., 1999, *Ecotourism and Sustainable Development: Who Owns Paradise?*, Island Press.
伊藤太一，1997,「エコツーリズムのジレンマ」『森林科学』21：16–22.
石岡丈昇，2012,『ローカルボクサーと貧困世界――マニラのボクシングジムにみる身体文化』世界思想社.

柿崎京一，1978，『近代漁業村落の研究』御茶ノ水書房.

鴨川市史編さん室，1994，『鴨川町誌』.

川森博司，2001，「現代日本における観光と地域社会――ふるさと観光の担い手たち」『民族學研究』66（1）：68-86.

岸上伸啓，2002，「カナダ極北地域における海洋資源をめぐる紛争――ヌナヴィック地域のシロイルカ資源を中心に」秋道智弥・岸上伸啓編『紛争の海――水産資源の人類学』人文書院，295-315.

北村尚浩・野川春夫・柳敏晴・川西正志・萩裕美子・前田博子，1997，「スポーツイベントによる地域活性化への効果――開催地住民の評価に関して」『学術研究紀要』17：47-55.

北村尚浩・松本耕二・國本明徳・仲野隆士，2005，「スポーツ・ボランティアの組織的コミット」『体育学研究』50：37-57.

木田悟・岩住希能，2007，「世代を超える社会的効果の意味」堀繁・木田悟・薄井充裕編『スポーツで地域をつくる』東京大学出版，115-132.

古村学，2006，「南大東島におけるエコツーリズムと地域生活――住民の視点から」『ソシオロジ』155：127-142.

古村学，2015，『離島エコツーリズムの社会学――隠岐・西表・小笠原・南大東の日常生活から』吉田書店.

Liu Z., 2003, "Sustainable Tourism Development: A Critique", *Sustainable Tourism*, 6：459-475.

溝尾良隆，2004，「ダイビング事業の進展に伴う地域社会との葛藤」『立教大学観光学部紀要』6：1-12.

熊本一規，2010，『海はだれのものか――埋立・ダム・原発と漁業権』日本評論社.

松田素二，1999，『抵抗する都市』岩波書店.

松村和則，2001，「レジャー開発と地域再生の模索」『講座環境社会学第3巻――自然環境と環境文化』有斐閣.

宮内泰介，2006，『コモンズをささえるしくみ――レジティマシーの環

境社会学』新曜社.
宮本常一，1984，『忘れられた日本人』岩波文庫.
森正人，2005，『四国遍路の近現代史―“モダン遍路”から“癒しの旅”まで』創元社.
森川貞夫，1997，「“スポーツ・イベント”の功罪」『月間社会教育』41(5)：20–26.
文部科学省，2002，『スポーツにおけるボランティア活動の実態等に関する調査研究報告書2002』.
陸好絵美子，2003，「参加型森林管理における利用権と紛争」『環境社会学』(9)：124–139.
村田周祐，2005，「四国遍路から学ぶ長距離歩道整備の方向性」『ウォーキング研究』(9)：69–79.
村田周祐，2013，「漁師に転身した移住サーファーのライフヒストリー―龍太郎の夢―」『東北福祉大学』37：241–259.
Murphy, P., 1985, *Tourism: A Community Approach*, Methuen Books.
Murphy, P. and Murphy, A., *Strategic Management for Tourism Communities: Bridging the Gaps*, Channel View Publications.
村井吉敬，1988，『エビと日本人』岩波新書.
村井吉敬，2007，『エビと日本人２――暮らしの中のグローバル化』岩波新書.
中野卓，1964，『現代社会学講座Ⅱ――地域生活の社会学』有斐閣.
新川達郎，2012，「環境ガバナンスの変化に関する実証的研究――滋賀県琵琶湖のレジャー利用の適正化に関する条例」『社会科学』42(1)：１–32.
二宮浩彰，2008，「スポーツ・ツーリズム政策による観光振興――観光情報の発信状況から」大分大学経済学部編，『グローカル化する経済と社会』ミネルヴァ書房，158–182.
日本スポーツツーリズム推進機構，2015，『スポーツツーリズム・ハンドブック』学芸出版社.

日本村落研究学会編，2005，『年報村落社会研究41：消費される農村――ポスト生産主義化の「新たな農村問題」』農山漁村文化協会.

Ntloko, N. J. and Swart, K., 2008, “Sport tourism event impacts on the host community: a case study of red bull big wave Africa”, South Africa Journal for Research in Sport, *Physical Education and Recreation*, 30（2）：79–93.

大西隆，1994，「スポーツと地域活性化」『都市問題』85（12）：3 –14.

岡星竜美，2015，「イベントの正体を探る＃4：イベントの効果、イベントの“見える／見えない”効果？」，『web 版イベントマーケティング』，http://www.event-marketing.co.jp/contents/2838

岡本伸之編，2001，『観光学入門――ポスト・マス・ツーリズムの観光学』有斐閣アルマ.

岡本純也，2010，「観光資源としてのスポーツ」『一橋大学スポーツ研究』29：32–36.

大野晃，2010，『山・川・海の環境社会学』文理閣.

Palmer, C., 2004, “More Than Just a Game: The Consequences of Golf tourism”, in Ritchie, W. B. and Adair, D. (eds.) *Sport Tourism: Interrelationship, Impact and Issues*, Channel View, 117–134.

Patthey, P, et al., 2008, “Impact of Outdoor winter Sports on the Abundance of a key indicator species of alpine ecosystem”, *Journal of Applied Ecology*, 45：1704–1711.

佐竹五六，2006，『ローカルルールの研究――ダイビングスポット裁判検証から』まな出版企画.

佐藤久光，2004，『遍路と巡礼の社会学』人文書院.

佐久間政広，2015，「書評 細谷昂著“家と村の社会学――東北水稲作地方の事例研究”」『社会学年報』97：159–164.

坂本年壱，2010，「コツコツ積み上げた定置網漁業の技術」『海洋水産エンジニアリング』2010年 7 月号：24.

清水諭編，2004，『オリンピック・スタディーズ――複数の経験・複数

の政治』せりか書房.
下村彰男，2005，「エコツーリズム推進への課題と期待」『環境情報科学』34-1：36-39.
敷田麻実・森重昌之編著，2011，『地域資源を守っていかすエコツーリズム――人と自然の共生システム』講談社.
Standevan, J. and De Knop, P., 1999, *Sport Tourism*. Champaign, IL. Human kinetics.
須藤廣，2006，「観光現象とポストモダニズム」安村克己・遠藤英樹・寺岡信悟編『観光社会文化論講義』くんぷる.
菅原和孝，2015，『狩り狩られる経験の現象学』京都大学出版会.
菅豊，2006，「里川と異質性世界――争う人びと，繋がる人びと」鳥越皓之編『里川の可能性』新曜社，36-65.
高垣美智子・丸尾達，2007，『手賀沼発 農業で沼の水を浄化する』千葉日報社.
多方一成，2001，「"愛の村"づくりとグリーン・ツーリズム――岡山県・東栗倉村」多方一成・田淵幸親編『現代社会とツーリズム』東海大学出版，177-192.
竹内利美，1956，「漁業災害の実態とその経営に及ぼす影響」『漁業協同組合自営の定置漁業について』水産庁漁政部.
竹内利美，1991，『竹内利美著作集２――漁業と村落』名著出版.
田中克哲，1996，「慣習の力」浜本幸生編『海の「守り人」論――徹底検証・漁業権と地先権』まな出版企画，151-180.
田畑美智子・鈴木志帆・木村郁子・沼田真一，2007，「イベントからソーシャルイノベーションへの移行回路――新しい都市創造の一形態」『都市居住環境論』１：１-６.
武中桂，2008，「"実践"としての環境保全政策――ラムサール条約登録地蕪栗沼周辺水田における"ふゆみずたんぼ"を事例として」『環境社会学研究』14：139-154.
田中克哲，2005，『漁師になるには』ぺりかん社.

寺岡伸悟，2003，『地域表象過程と人間――地位社会の現在と新しい視座』行路社.

鳥越皓之，1982，「地域生活の再編と再生」松本編『地域生活の社会学』世界思想社.

鳥越皓之，1983，『トカラ列島社会の研究』御茶の水書房.

鳥越皓之，1997，『環境社会学の理論と実践』有斐閣.

鳥越皓之，一九九七「コモンズの利用権を享受する者」『環境社会学研究』3：5−14.

鳥越皓之，2010，「同族団としての家連合」井上俊・伊藤公雄編『日本の社会と文化』世界思想社，13−22.

鳥越皓之編，1989，『環境問題の社会理論――生活環境主義の立場から』御茶の水書房.

土屋健治，1991，『カルティニの風景』めこん.

土屋雄一郎，2008，『環境紛争と合意の社会学――NIMBY が問いかけるもの』世界思想社.

Tuan, Y., 1974, *Topophilia: A Atudy of Environmental Perception, Attitudes, and Values*, Englewood Cliffs.（＝2008，小野有五，阿部一訳『トポフィリア――人間と環境』筑摩書房）

Tuppen J., 2000, "The restructuring of wintersports resorts in the French Alps: problem, Processes and Politicies", *International Journal of Tourism Research*, 2（5）：6−11.

鶴見良行，1982，『バナナと日本人――フィリピン農園と食卓のあいだ』岩波新書.

植田今日子，2016，『存続の岐路に立つむら―ダム・災害・限界集落の先に』昭和堂.

Urry, J., 1981, *The Anatomy of Capitalist Societies: the Economy, Civil Society and the State*, Macmillan.（＝1986，清野正義監訳『経済・市民社会・国家――資本主義社会の解剖学』法律文化社）

Urry, J., 1990, *The Tourist Gaze: Leisure and Travel in Contemporary*

Societies, Sage Publications.（＝1995, 加太宏訳『観光のまなざし――現代社会におけるレジャーと旅行』法政大学出版局）

Urry, J., 1995, *Consuming Places*, Routledge.（＝2003, 吉原直樹・大沢善信監訳『場所を消費する』法政大学出版局）

Urry, J., 2000, *Sociology beyond Societies: Mobilities for the Twenty-first Century*, Routledge.（＝2006, 吉原直樹監訳『社会を越える社会学――移動・環境・シチズンシップ』法政大学出版局）

脇田健一, 1995,「環境問題をめぐる状況の定義とストラテジー――環境政策への住民参加／滋賀石けん運動再考」『環境社会学研究』1：130–140.

Weed, M. and Bull, C., 2004, *Participant Profiles, Sports Tourism: Participants, Policy and Providers*, Elsevier Butterworth-Heinemann Oxford: 54–72.

安村克己, 2004,『観光の理論的探求をめぐる――観光のまなざし論の意義と限界』遠藤英樹・堀野正人編著『観光のまなざしの転回――越境する観光学』春風社.

安村克己・遠藤英樹・寺岡伸悟編, 2006,『観光社会文化論講義』くんぷる.

家中茂, 2009,「自然の資源化過程にみる地域資源の豊富化――沖縄県座間味村および恩納村の事例から」山尾政博・島秀典編『日本の漁村・水産業の多面的機能』北斗書房.

山下晋司編, 1996,『観光人類学』新曜社.

山口志郎・山口泰雄・野川春夫, 2016,「市民マラソンの社会的効果に及ぼす関与者と非関与者の比較分析」『イベント学研究』1（1）：5–12

山口泰雄, 1996,『生涯スポーツとイベントの社会学――スポーツによるまちおこし』創文企画.

山田千香子, 2008,「エコツーリズムの理想と現実, 問題点, これからの展開に向けて――先進事例と佐世保市の現状と課題」『長崎県立

大学論集』41（4）：195-218.
吉見俊哉，2003，『カルチュラルターン——文化の政治学へ』人文書院.
吉田春生，2004，『エコツーリズムとマス・ツーリズム』原書房.